KB130252

휴먼브랜드 전략
평생 두고 보는 휴먼브랜드 전략서
Human brand
36계

휴먼브랜드 전략36계

초판 1쇄 2023년 05월 01일

지은이 안은정
발행인 김재홍
교정/교열 김혜린
일러스트 이동준
디자인 박효은
마케팅 이연실

발행처 도서출판지식공감
등록번호 제2019-000164호
주소 서울특별시 영등포구 경인로82길 3-4 센터플러스 1117호 (문래동1가)
전화 02-3141-2700
팩스 02-322-3089
홈페이지 www.bookdaum.com
이메일 jisikwon@naver.com

가격 17,000원
ISBN 979-11-5622-779-3 03190

“

호랑이는 죽어서 가죽을 남기고

인간은 죽어서 이름을 남기지만

특별한 인간은 죽어서 브랜드를 남긴다.

”

• prologue •

누구나 휴먼브랜드가 될 수 있다

새로운 변화는 선택이 아닌 생존의 문제

인류는 팬데믹이라는 폭격을 경험했다. 예측하지 못한 바이러스의 출현은 인류의 삶을 송두리째 흔들었고 경험치가 부족한 인간은 하루하루를 불확실과 모호함에서 오는 불안감 속에 견디다시피 살고 있다. 지금까지 경험해 보지 못한 이 재앙은 인류의 삶을 극단적 선택으로 내몰고 있다. 변화의 바람이 아닌 혁신의 토네이도를 필수적으로 받아들일 수밖에 없도록 만들고 있다. 급진적인 기술의 변화와 가중되는 정치/경제적 불안정성 등이 어우러져 미래는 점점 더 예측 불가능하고 불투명해지고 있다. 과거의 평범한 일상이 간절한 소망으로 탈바꿈되어 인간을 향수에 젖게 만드는 동시에 새로운 변혁의 폭풍을 받아들일 수밖에 없도록 변화시키고 있다.

새로운 변혁의 폭풍 중심에 인간 생활방식의 급격한 변화가 지배적으로 자리 잡고 있다. 경험해 보지 못한 현재를 살아가기 위한 미래적 통찰은 더 이상 과거에서 찾아보기 힘들어졌다. 지금의 현재가 과거와 전혀 닮지 않은데 미래의 단서를 과거에서 찾는 것은 이치에 맞지 않다. 이제 미래를 예측한다는 표현보다는 미래를 상상한다는 표현이 더 맞을 것이다. 이는 예측의 범주가 너무 넓어 콕 집어 표현하기 어렵기 때문이기도 하다.

4차 산업혁명에 이어 코로나로 인한 팬데믹 상황은 인간의 라이프스타일을 빠른 속도로 변화시켰다. 언택트 시대로 대변될 만큼 대면 접촉을 끔찍이 줄여가는 비대면 문화가 빠르게 정착했고, 이불 밖은 위험하다며 집 안에서 안락함을 즐기는 스위트홈 문화가 가속되었다. 더불어 개방적이던 커뮤니티 활동들이 지극히 폐쇄적으로 돌변하여 새로운 만남에 대한 설렘보다는 아는 사람들 간의 친밀감을 더 중요시하는 풍조로 바뀌고 있다.

이러한 사회문화적 변화의 배경엔 기술발전이 큰 몫을 차지하고 있다. 언택트 상황의 불편함을 해소하기 위해 발전된 기술들은 초기엔 어색했지만, 적응을 거듭하면서 오히려 효율적이고 편리하게 다가왔다. 더불어 집 안에서도 쇼핑, 문화행사 관람, 헬스, 요리, 학업, 근무, 창업 등 마음만 먹으면 못할 것이 없는 세상이 되었다. 친구나 지인과의 직접적인 소통보다는 다양한 SNS 채널을 통한 소통이 더 익숙해지고 있다. 이러한 변화는 마케팅이나 브랜딩 분야에 직접 적용되어 달라진 환경에 빌빠르게 적응하고 있다.

한편으로 획기적인 기술의 발전은 인간의 자존감을 위협하고 있다. 인간을 대체할 수 있는 다양한 수단들이 많아짐에 따라 느끼는 상대적 박탈감이라 할 수 있다. 단순하고 반복적인 일들을 넘어서 창의적이면서 미래를 예측할 수 있는 영역에까지 인간이 아닌 인공지능이나 로봇이 대체하고 있다. 심지어는 다양한 유형의 가상 인간이 등장하면서 엔터테인먼트 시장에서조차도 인간이 위협받고 있다. 1998년 국내 최초 사이버 가수 아담의 등장은 획기적이긴 했지만, 인간에게 전혀 위협적인 존재가 아니었다. 하지만 현재 등장한 버추얼 휴먼은 CF, 모델, 가수, MC, 쇼호스트 등 다양한 분야에서 충분히 영향력을 발휘하고 있다. 많은 기획사에서 앞다투어 새로운 수익 원천으로써 가상 인간을 제작하여 다양한 시도를 하고 있다. 인간을 위해 만든 가상 인간이 인간을 위협하는 경쟁의 대상이 되어버린 실정이다.

나만의 콘텐츠로 인플루언서가 되다

최근 자신이 SNS의 주체가 되어 적극적으로 활동하면서 온라인 소통가로 등극하는 경우가 많아지고 있다. 여기에서 자신만의 독특한 콘텐츠로 팬덤을 얻어 대중 또는 특정 마니아층에 막강한 영향력을 행사하는 인플루언서가 등장하고 있다. 이들은 수많은 팔로워를 통해 자신의 분야에서 구독과 좋아요를 통한 수익과 명성을 창출하고 있다. 이러한 거대 시장의 등장과 다양한 채널의 확장으로 인해 기존 유명인들조차도 자신만의 채널을 만들어 대중 또는 팬들과 시간과 장소에 구애 없이 소통하고 있다. 이제는 유명해지기 위한 철저한 시스템과 체계적 훈련 방식이 아닌 자신만의 콘텐츠와 열정으로 대중과 소통하는 손쉬운 세상이 한편으로 열려 있다. 누구나 자신의 방식으로 인플루언서가 될 수 있는 것이다.

이러한 다수의 성공사례는 긍정적인 측면과 부정적인 측면을 모두 가지고 있다. 좋은 면은 다양한 콘텐츠에 대한 접근이 용이해지고 누구나 셀럽 – 즉 유명인이 될 수 있다는 희망적 가능성이 열려 있다는 것이다. 여기에 못지않게 갑자기 유명세를 얻은 셀럽의 미흡한 자기 관리에서 부정적 출혈 또한 나타나고 있다. 일명 스타라 불리는 유명인조차도 자신의 과거 행동과 이력 때문에 하루아침에 나락으로 전락하는 경우를 심심치 않게 보게 된다. 이는 대중과 소통하여 알려지고 인기를 얻기 전에 스스로 점검해야 하며 지속적인 관리가 중요하다는 것을 의미한다.

누구나 휴먼브랜드가 될 수 있다

우리는 모든 것이 브랜드인 세상에 살고 있다. 단순 제품이나 서비스의 영역을 넘어서 자연, 도시, 나라까지도 브랜드가 되는 세상이다. 그 중심에 인간이 있다. 브랜드 논리에 따르자면 많은 사람이 알아주고, 그 사람들이 좋아해 주는 상품이 최고의 브랜드이다. 인간 자체가 브랜드인 휴먼브랜드는 높은 인지도와 선호도를 바탕으로 일반 대중에게 대단한 영향력을 행사하는 유명인사, 즉 셀럽celebrity을 말한다. 그들은 막강한 인플루언서로서 대중의 관심 속에 노출되어 있다. 우리는 명성을 떨치며 막강한 영향력을 행사하는 사람을 두고 웬만한 기업 이상의 가치가 있다고 말한다. 그만큼 경제적인 능력과 사회적인 파급력을 갖추고 있다는 말이다. 그의 말 한마디, 그의 행동, 그가 추천한 것, 그가 방문했던 곳, 그가 입은, 그가 먹은, 그가 가진 등 그의 일거수일투족은 많은 사람의 관심사이며, 대중의 생각과 행동에 큰 영향을 미친다.

급속한 변화와 치열한 경쟁은 인간을 드디어 브랜드로까지 내몰고 있다. 브랜드형 인간이 되어야 성공한다, 퍼스널브랜드 성공법칙, 탁월한 존재를 만드는 퍼스널마케팅 등 인간이 브랜드가 되는 것이 성공의 지름길인 마냥, 세상은 브랜드 성공 프로세스에 맞추어 인간을 개조시키고 있다. 사실 틀린 말은 아니다. 제품이나 서비스에 국한되어 사용되었던 브랜드 성공 스토리를 인간 영역에까지 확장한 것이 휴먼브랜드이고, 브랜드 성공법칙은 분명 인간에게도 적용되어 많은 통찰을 줄 수 있다.

저자는 인지도와 선호도를 바탕으로 고객 충성도를 높이는 브랜드의 성공 전략을 인간의 관점에서 풀어보고자 하였다. 그래서 급속히 변화하는 세상에서 자신만의 콘텐츠로 자신만의 가치를 만들어가는 휴먼브랜드 지망생들에게 통찰을 주고자 한다. 또한, 현재 휴먼브랜드인 유명인들은 그들의 가치를 지속시키고 확장해 나갈 수 있는 제언을 통해 더 큰 영향력을 만들 수 있도록 도움을 주고자 한다.

누구나 휴먼브랜드가 될 수 있다.

그렇다고 아무나 휴먼브랜드가 되는 것은 아니다.

휴먼브랜드가 되기 위한 전략적 프로세스와 실천 전술들은 휴먼브랜드가 되는 길에 이정표가 되어줄 것이다. 저자는 그 해답으로 감히 휴먼브랜드 전략36계를 제안한다. 휴먼브랜드 전략36계의 가장 중요한 핵심 가치는 '나이가 들어가면서 더 가치 있는 사람으로 성숙해지는 인간'에 두었다.

영향력을 키울 준비를 하는 모든 분.

미래의 K-pop 스타, 기업가, 정치인, 방송인, 예술가, 학자, 스포츠인, 그리고 평범 속에서 비범을 추구하는 숨은 인플루언서.

그들에게 평생 성장의 이정표가 되는 시간이 되길 바란다.

《휴먼브랜드 전략36계》를 집필하는 긴 여정 동안 희로애락을 함께해 주신 든든한 가족들과 각별히 마음 써 주신 주변 지인들과 마지막까지 책의 완성도를 높이기 위해 정성을 다해준 박예빈 양에게 감사드린다.

끝으로 나를 존재하게 해주셨으며 나를 성장하게 해주셨고

나를 가장 빛나고 아름답게 만들어 주셨던 내가 가장 존경하고

사랑하는 안광옥 님께 이 책을 바칩니다.

2023년 3월 18일

안은정

CONTENTS

PART 5 끌리는 인력(Attractiveness) 매력을 창조하라

PART 6 대체할 수 없는 존재(Uniqueness) 독특성으로 차별하라

PART 7 관계의 정석(Intimacy) 친밀한 관계를 유지하라

PART 1

휴먼브랜드가 되는 길

휴먼브랜드 전략36계

세상에 브랜드가 아닌 것이 있을까?

모두 나름의 의견이 있겠지만 마케팅 분야 종사자라면 대다수가 "브랜딩이 불가능한 분야는 단연코 없다."라고 확언할 것이다. 브랜드의 분야는 제품이나 서비스의 차원을 넘어 도시, 지역, 스포츠, 문화, 조직, 정보에 이르기까지 다양하게 확대되어 나타나고 있다. 다시 말해 마케팅이 가능한 전 분야가 브랜딩이 가능하다고 볼 수 있다. 여기에 인간도 예외일 순 없다. 아니 그 중심에 있다고 볼 수 있다.

관점에 따라 인간을 브랜딩한다는 것은 인간을 대상으로 한 상업적 포장기술로 비칠 수 있다. 하지만 이런 의견이 무색하리만큼 성공 전략의 중심에 있는 것이 브랜딩이다. 지금보다 더 인정받고, 가치 있으며, 성장할 방법을 브랜딩에서 찾고 있다.

- **브랜드를 지속적으로 성장시키는 방법 - 브랜딩**
- **인간을 지속적으로 성장시키는 방법 - 휴먼브랜딩**

브랜드와 인간은 닮은꼴?

인간이 지속적으로 성장하기 위한 솔루션으로 휴먼브랜딩을 제안한다. 이것은 브랜드의 성장원칙이 인간의 성장원칙과 매우 유사하다는 것에서 기인한 것이다. 더 원론적으로 표현하자면 브랜드와 인간이 매우 닮았다는 것이다. 인간과 브랜드의 닮은꼴은 네 가지로 설명할 수 있다.

첫째, 브랜드도 인간과 같이 이름, 이미지, 개성, 가치, 생명력 등이 존재한다. 인간의 평균수명을 훨씬 뛰어넘어 존재하는 브랜드도 다수이고 시간과 더불어 이미지가 변화하는 브랜드도 쉽게 찾아볼 수 있다. 인간이 이름을 가지고 태어나 자신의 이미지를 가지고 주변인에게 자신만의 개성을 알리고 가치를 키워나가듯 브랜드 또한 비슷한 과정을 통해 성장한다.

둘째, 브랜드도 인간과 마찬가지로 무형의 자산 가치를 가진다. 해마다 많은 기관에서 브랜드 자산 가치 순위를 발표하고 있다. 얼마나 많은 사람이 알고 있고 좋아하고 있는지가 측정기준이 되고 있다. 즉, 인지도와 선호도가 높을수록 브랜드 가치가 높다고 할 수 있다. 이는 인간도 마찬가지이다. 사람들의 머릿속에 자리 잡은 인지도와 선호도는 분명 손에 잡히는 유형의 존재가 아닌 실체가 없는 무형의 존재이다. 이러한 무형의 자산 가치는 브랜드에서는 실제 구매로 이어지는 막대한 힘을 발휘하며, 인간관계에서는 막강한 영향력으로 나타난다.

셋째, 브랜드도 인간처럼 지속적 노력을 통한 발전 가능성이 존재한다. 우리는 하루에도 수없이 많은 브랜드가 만들어지고 소멸하는 세상에 살고 있다. 또한, 100년을 훌쩍 넘는 위용을 과시하며 여전히 건재한 브랜드와도 함께 살고 있다. 브랜드 생명력의 원천은 무엇일까? 또 인간의 성장 원천은 무엇일까? 여기에는 같은 답이 존재한다. 바로 꾸준한 노력이다. 너무나 당연한 대답이라 실망할 수도 있지만, 원래 진리란 당연함을 내포하는 것이다. 하지만 당연한 진리 속에서 깊은 통찰을 얻을 수 있는 법. 여기에서 말하는 지속적 노력이란 환경 변화에 따른 빠른 적응력을 바탕으로 자신이 가진 강점과 약점을 잘 살펴 전략적으로 대응해나가는 것을 의미한다. 브랜드의 성장법칙과 인간의 성장법칙이 지속적 노력이란 공통분모를 가지는 것이다.

넷째, 브랜드와 인간은 공통적으로 전략적 관리를 통한 확장이 가능하다. 브랜드 자산 가치를 극대화하는 방법으로 브랜드 확장 전략이 유용하다. 브랜드 확장은 기존 브랜드가 지닌 가치를 전이시켜 다른 분야로 확장해서 나타내는 성장전략이라 할 수 있다. 소비자의 머릿속에 자리 잡은 인지도와 선호도는 막강한 브랜드 자산이다. 튼튼한 브랜드 자산은 다른 분야에서도 쉽게 자리 잡을 수 있도록 든든한 버팀목이 되어줄 것이다. 인간도 마찬가지로 자신이 가진 인지도와 선호도를 바탕으로 자신의 가치를 전이시켜 다양한 분야로 확장하여 활동할 수 있고, 또한 많은 사례를 접할 수 있다. 학자에서 사업가로, 사업가에서 정치인으로, 정치인에서 방송인으로, 방송인에서 사업가로…… 많은 사람이 분야를 넘나들면서 활동하고 있다. 브랜드와 인간은 공통적으로 전략적 확장을 통해 가치를 극대화한다고 할 수 있다.

이렇듯 브랜드와 인간은 많은 부분에서 닮았다. 이는 인간의 성장법칙과 브랜드의 성장법칙이 같은 맥락 위에 존재함을 의미하기도 한다. 브랜드의 지속적인 성장을 위해서는 전략적 브랜딩이 필요하듯 인간도 지속적 성장을 위한 전략적 휴먼브랜딩이 필요한 것이다.

인간과 브랜드의 공통점

- 이름, 이미지, 개성, 가치, 생명력 등이 존재
- 유/무형의 자산적 가치 발현
- 지속적 노력을 통한 발전 가능성
- 전략적 관리를 통한 확장 가능성

그렇다면 휴먼브랜딩에 의해 지속적으로 성장하는 사람이 휴먼브랜드일까?

휴먼브랜드
- 그는 누구인가? -

휴먼브랜딩을 시작하기 전에 좀 더 원론적 이해가 선행되어야 한다. 인간에 관한 학문적 연구는 인류의 존재만큼이나 긴 시간을 함께 해온 분야이다. 하지만 학문적으로 인간을 브랜드 관점에서 해석하고 전략을 모색한 것은 최근 들어서이다.

휴먼브랜드에 대한 다양한 정의가 존재하지만, 최초로 학계에 발표한 톰슨(2006)은 휴먼브랜드란 "이름이나 명성, 이미지, 신뢰성, 전문성, 평판, 대중적 인기 등을 바탕으로 다른 사람과 차별화되고 대중에게 영향력을 발휘하는 유명인celebrity"[1]으로 정의했다. 한마디로 대중에게 잘 알려진 유명한 사람이 휴먼브랜드라는 말이다. 여기에는 다양한 직업 유형들이 존재한다. 연예인, 스포츠 스타, 정치인, 기업인, 예술인, 방송인, 종교인, 학자, 유튜버 등 사회 전반에 걸쳐 다양한 분야에서 휴먼브랜드를 쉽게 찾아볼 수 있다.

1) Tomson, Matthew (2006), "Human brands: Investigating antecedents to consumers' strong attachments to celebrities", Journal of Marketing, 70(3), p.104-119.

유재석, 김연아, BTS, 반기문, 손흥민, 조수미, 봉준호, 박진영 등이 휴먼브랜드라 불리는 사람이다. 이들의 공통점은 '높은 인지도와 선호도를 바탕으로 일반 대중에게 막강한 영향력을 행사하는 유명인사'로 정의된다는 것이다. 실제로 다양한 미디어를 통해 노출되는 휴먼브랜드의 일거수일투족은 대중의 생각과 행동에 많은 영향을 미치고 있다.

그렇다면 일반 대중이 휴먼브랜드가 되는 것은 낙타가 바늘구멍에 들어가는 것이라는 진부한 이야기를 거쳐야 하는 걸까?

단언컨대 아니다. 물론 별 중의 별이 된다는 것은 불가능한 도전이라 할 만큼 높은 벽일 수도 있다. 하지만 단계마다 존재하는 벽은 충분히 도전할 가치가 있다. 일반인이 휴먼브랜드가 되기 위해 반드시 거쳐야 할 과정이 있다. 그것이 바로 퍼스널브랜드이다.

퍼스널브랜드 vs 휴먼브랜드

최근 수없이 쏟아지는 자기계발서 가운데 퍼스널브랜드에 관한 내용이 많다. 이 책들은 취직하기 위해, 조직에서 가치를 인정받기 위해, 승진하기 위해, 성공하기 위해 퍼스널브랜드가 되어야 한다고 역설하고 있다. 그렇다면 퍼스널브랜드가 무엇인지부터 이해해야 한다.

많은 학자가 퍼스널브랜드를 언급하고 있지만 명확한 정의가 없는 것이 현실이다. 단지 차별화된 가치를 강조하기 위해 브랜드란 미사여구를 사용하는 느낌마저 든다. 여기에서 퍼스널브랜드와 휴먼브랜드의 차이를 명확하게 이해해야 한다.

퍼스널브랜드란 '자신의 분야에서 성실성, 전문성, 매력성, 친밀성

등을 바탕으로 신뢰를 형성하여 주변 사람들에게 차별화된 가치를 인정받는 개인person'이라 정의할 수 있다. 즉 주변에서 쉽게 만날 수 있는 친구나 직장 상사, 동료, 코치 등 가까운 지인 가운데 신뢰를 바탕으로 어느 분야의 차별화된 가치를 인정받는 일반인인 셈이다. 휴먼브랜드는 이름만 대면 알만한 유명인사라면, 퍼스널브랜드는 주변에서 쉽게 만날 수 있는 일반인이 대상이 된다. 휴먼브랜드의 고객은 광범위해서 일반 대중이 모두 고객이 될 수 있다면, 퍼스널브랜드의 고객은 주변 지인 및 관계자로 함축된다. 그리고 휴먼브랜드의 브랜딩 목표는 인지도와 선호도를 높여 영향력을 증대시키는 데 있다면, 퍼스널브랜드의 브랜딩 목표는 주변 지인들에게 남다른 가치를 인정받는 것에 있다. 따라서 휴먼브랜드의 핵심 가치가 특별함specificity이라면 퍼스널브랜드의 핵심 가치는 차별화differentiation다. 브랜드와 고객의 상호작용에 있어서 휴먼브랜드는 영향력을 높이기 위한 애착attachment 관계로 발전된다면 퍼스널브랜드는 고객과의 신뢰confidence 관계로 발전된다.

이렇듯 휴먼브랜드와 퍼스널브랜드는 다양한 관점에서 차이를 보이고 있다.

휴먼브랜드와 퍼스널브랜드의 차이점

	휴먼브랜드	퍼스널브랜드
대상	유명인사	일반인
고객	일반 대중	주변 지인
목표	영향력 증대	가치 인정
핵심 컨셉	특별함specificity	차별화differentiation
상호작용	애착 관계attachment	신뢰 관계confidence

휴먼브랜드와 퍼스널브랜드가 이러한 차이점을 보이고 있지만 궁극적으로 인간의 지속적 성장이 목표라는 점은 동일하다.

그렇다면 휴먼브랜드와 퍼스널브랜드의 관계는 어떻게 설명할 수 있을까?

일반인들이 신뢰를 바탕으로 계속해서 가치를 확장해 나가다 보면 퍼스널브랜드가 되어 있고, 또한 궁극에는 휴먼브랜드로 영향력을 펼칠 수 있다. 즉 퍼스널브랜드가 진화하면 휴먼브랜드가 되는 것이다. 여기에서 진화는 지속적인 노력을 바탕으로 한 발전을 말한다.

퍼스널브랜드가 지속적인 노력으로 발전해 나가면 휴먼브랜드로 진화한다. 퍼스널브랜드로 내공을 차곡차곡 쌓아 나가야만 누구나 인정할 수 있는 휴먼브랜드로 성장해 나갈 수 있다. 간혹 퍼스널브랜드를 거치지 않고 휴먼브랜드가 되는 사례가 종종 있다. 한마디로 하루아침에 벼락스타가 되는 경우가 그러한 예이다. 요즘같이 다양한 미디어 채널을 주도적으로 사용할 수 있는 상황에선 이슈가 되는 한두 가지의 콘텐츠만으로도 갑작스러운 관심을 증폭시킬 수도 있다. 하지만 이런 돌발적 유명세는 그만큼 생명력이 짧기 마련이다. 축적된 내공이 바탕이 될 때 진정한 휴먼브랜드로 성장해 나갈 수 있는 것이다.

그렇다면 퍼스널브랜드를 거쳐 휴먼브랜드로 성장하기 위해서는 어떠한 노력을 해야 할까?

휴먼브랜드가 되는 길

단기간의 노력으로 휴먼브랜드가 되는 사람은 지극히 드물다. 말 그대로 타고날 때부터 금줄을 달고 나지 않는 이상, 한계에 도달하는 지속적인 노력이 뒷받침되어야만 가능하다. 앞서 언급하였듯이 퍼스널브랜드가 진화하면 휴먼브랜드로 성장할 수 있다. 그렇다면 휴먼브랜드가 되기 위해서는 퍼스널브랜드로서 지속적인 노력이 병행되어야 한다.

저자는 지속적인 노력으로 효율과 효과를 극대화하는 방법을 설명하려 한다. 우선 높은 인지도와 선호도를 바탕으로 일반 대중에게 막강한 영향력을 발휘하는 유명인의 특성은 무엇인지에 대한 조사가 필요했다. 그래서 다양한 방법으로 선행연구들을 살펴보았는데 휴먼브랜드의 특성에 대한 연구는 찾아볼 수 없었다. 저자는 학문적 근거를 바탕으로 스타 특성, 정치인 특성, 기업인 특성, 스포츠 스타 특성 등 다양한 휴먼브랜드 유형에 대해 특성을 조사하였다.2) 더불어 분야별 전문가들의 통찰을 바탕으로 휴먼브랜드 특성에 대해 척도를 개발하였고 이를 최고 권위의 학회지에 게재함으로써 신뢰성과 타당성을 확보하게 되었다. 그 결과에 따라 일반 대중이 휴먼브랜드와 관련하여 연상하는 비교적 안정적이고 지속적인 휴먼브랜드 속성들의 집합인 휴먼브랜드 특성을 6가지의 척도로 개발하였다. 이를 바탕으로 휴먼브랜드가 되기 위한 특성 6가지를 전략적으로 설명하려 한다. 또한, 특성별 세부 전략 지침을 6가지 전술의 형태로 제시하고자 한다. 지금부터 휴먼브랜드가 되기 위한 휴먼브랜딩 전략36계에 관해 상세히 살펴볼 것이다.

---

2) An, Eun Jung(2013), "Influential Factors and the Results of Human Brand Attachment,"Journal of Korean Marketing, 29(June).

영향력 강화의 전제: 인지도와 선호도

누구나 휴먼브랜드가 될 수 있다. 그렇지만 아무나 휴먼브랜드가 될 수는 없다.

휴먼브랜드 전략36계는 휴먼브랜드가 되기 위한 구체적이고 전략적 방법이다. 이는 휴먼브랜드로 향하는 더 빠르고 명확한 길이다.

휴먼브랜드의 가장 중요한 가치는 바로 영향력influence이다. 휴먼브랜드에 열광하는 이유도, 휴먼브랜드가 되기 위한 이유도 여기에 귀결된다. 인간은 자신이 주변에 미치는 영향력을 강화하기 위해 끊임없이 지식을 함양하고, 신뢰를 쌓고, 선행을 베풀고, 좋은 이미지를 만드는 등 다양한 노력을 한다. 이런 영향력은 주변을 내가 원하는 방향으로 이끄는 데 매우 유리한 조건을 제시한다. 나의 말과 행동에 따라 여러 사람을 움직이게 할 수 있고 의사결정을 하는 데 중요한 역할을 한다.

이런 영향력을 강화하기 위해서 선행되어야 할 중요한 두 가지 요소가 있다. 그것은 상대가 나를 알고 있는가, 그리고 상대가 나를 좋아하는가를 아는 것이다. 즉 인지도awareness와 선호도preference가 있어야 한다. 높은 인지도와 선호도를 보유한 사람은 많은 사람에게 큰 영향력을 미칠 수 있다. 대중은 내가 잘 알고 내가 좋아하는 영향력 있는 사람, 즉 휴먼브랜드의 말과 행동에 귀 기울이며 동조적 행동으로 함께하고자 하는 경향이 뚜렷하다.

여기에서 이 두 요인을 좀 더 세밀하게 분석해 볼 필요가 있다. 누구나 알고 있고 좋아하는 사람은 굉장히 드물다. 국민MC, 국민요정, 국민엄마 등 소위 국민이란 수식어가 붙는 경우가 이러한데, 이런 사람만이 휴먼브랜드가 된다면 그것은 하늘의 별 따기만큼 도달하기 어려운 미션이 될 것이다. 하지만 휴먼브랜드는 사회 각층에 다양하게 분포해 있다.

여기에서 인지도는 대중적 인지도와 전문적 인지도로 나누어진다. 대중적 인지도는 방송이나 연예 또는 정치 스포츠와 관련된 분야에서 만나보기가 쉽다. 반면 전문적 인지도는 학문, 기술, 문화 예술과 관련된 분야에서 만나볼 수 있다.

또한, 선호도는 대중적 선호도와 마니아적 선호도로 나누어진다. 소위 '국민'이라는 수식이가 붙는 경우는 대중적 선호도라 할 수 있고 특정 계층이나 집단에서 나타나는 선호는 마니아적 선호도라 할 수 있다. 휴먼브랜드 개인의 성격적 특성과 상황을 고려하여 개별적 노력이 달라져야 하는 부분이다.

결론적으로 휴먼브랜드의 영향력은 인지도와 선호도의 차이에 따라 다양하게 나타날 수 있다.

그렇다면 인지도와 선호도를 높이는 방법은 어디에서 찾을 수 있을까? 이것의 해결책은 휴먼브랜드의 특성에서 찾을 수 있다. 척도개발을 통해 나타난 6가지의 특성 요인들은 인지도를 높이기 위한 하위 요인 3가지와 선호도를 높이기 위한 하위 요인 3가지로 나누어진다. 인지도를 높이기 위한 휴먼브랜드의 특성 요인은 전문성, 독특성, 리더십 요인이고 선호도를 높이기 위한 휴먼브랜드 특성 요인은 매력성, 신뢰성, 친밀성 요인이다. 이 6가지의 요인들은 다시 6가지의 개별 실천 전술로 나누어진다. 이것이 휴먼브랜드 전략36계의 기본 구조이다. 그리고 6가지 특성에 따른 개별 6가지의 하위 요인들은 우선순위에 따라 계층화되어 있다. 즉 순차적으로 중요성과 시급성이 다르기에 우선순위에 따라 실행할 것을 권한다.

휴먼브랜드의 성장은 다음 그림과 같은 메커니즘을 통한다.

휴먼브랜드 전략36계 구조

휴먼브랜드 영향력
influence

- 인지도 awareness
  - 대중적 인지도
  - 전문적 인지도
- 선호도 preference
  - 대중적 선호도
  - 마니아 선호도

전문성 professionalism	독특성 uniqueness	리더십 leadership	매력성 attractiveness	신뢰성 reliability	친밀성 intimacy
쾌통철학	아이덴티티	리더십 피라미드	매력지수	진정성	관점 획득
열정	자존감	카리스마	나이 관리	성실성	자기 개방
성과 창출	경험	동기부여	페이스 관리	일관성	소통
역량 강화	히스토리텔링	지적 자극	보이스 관리	개방성	유머
통찰	리포지셔닝	개별적 배려	패션 관리	리스크 관리	인맥 관리
전문 관리	경쟁우위	리더십 관리	매력 관리	신뢰 관리	애착 관리

휴먼브랜드 전략36계 우선순위 구조

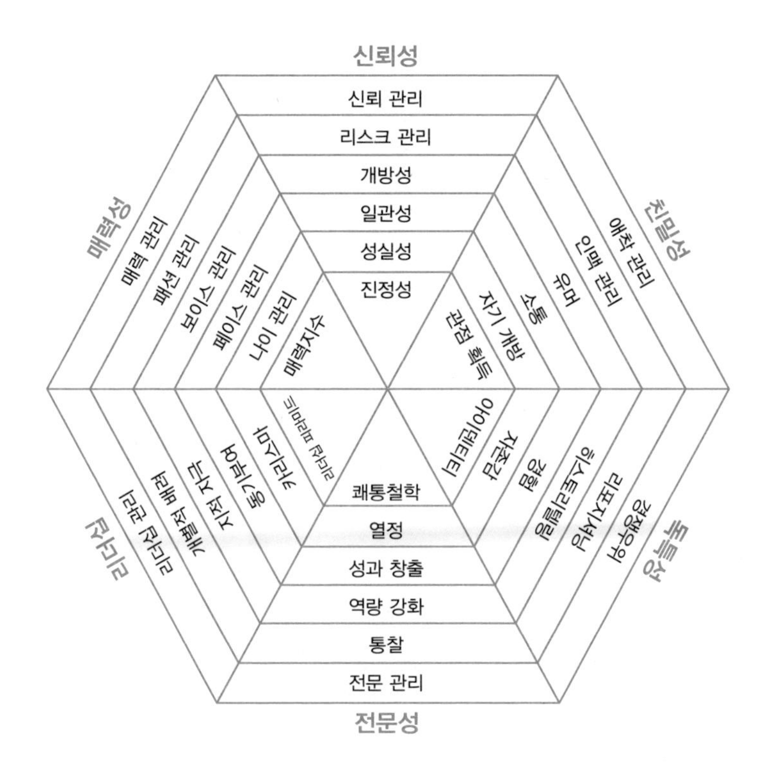

신뢰성	전문성	리더십	매력성	독특성	친밀성
진정성 성실성 일관성 개방성 리스크 관리 신뢰 관리	쾌통철학 열정 성과 창출 역량 강화 통찰 전문 관리	리더십 피라미드 카리스마 동기부여 지적 자극 개별적 배려 리더십 관리	매력 지수 나이 관리 페이스 관리 보이스 관리 패션 관리 매력 관리	아이덴티티 자존감 경험 히스토리텔링 리포지셔닝 경쟁우위	관점 획득 자기 개방 소통 유머 인맥 관리 애착 관리

PART 2

존재의 전제/Reliability

신뢰를 확보하라

세상에 존재하는 것들 중에 이것이 전제되지 않으면 존재하지 않는 것들이 있다. 예를 들면 호박죽 속의 호박이나 어항 속의 물고기가 그것이다. 호박이 들어가지 않은 호박죽이나 물고기가 없는 어항은 존재 자체가 의미가 없다. 브랜드가 지속적으로 고객의 관심과 사랑을 받기 위해서 전제되어야 할 가장 중요한 요소가 무엇일까? 이것이 바탕에 깔리지 않으면 그 위에 존재하는 것들이 사상누각이 되는 기본 중의 기본이 무엇일까? 인간이 생계를 유지하기 위해 가장 필요한 의식주 같은 것이 무엇일까?

그것은 인간과 인간 사이 무언의 커뮤니케이션, 바로 신뢰이다. 본 장에서는 휴먼브랜드 존재의 전재가 되는 신뢰성을 지속적으로 유지하고 강화하는 방법에 대해 살펴보고자 한다.

인간관계에서 가장 중요한 덕목은 신뢰이다. 서로 간에 신뢰가 형성되어 있다면 관계의 성과도 좋아지며, 또한 시간도 단축할 수 있고 마음도 행복해질 수 있다. 신뢰는 모든 인간관계의 기본이자 핵심이다. 그렇기 때문에 휴먼브랜드에게 신뢰는 관계에서 가장 중요한 덕목 첫 번째에 꼽힌다. 신뢰가 바탕 되지 않은 관계는 맺어지기도 힘들지만 지속되기는 불가능하다.

휴먼브랜드가 되기 위한 전제 조건인 신뢰를 형성할 방법은 무엇이 있을까? 본 장에서는 신뢰를 형성하고 지속적으로 강화하는 방법을 6가지의 세부 방법으로 나누어 설명한다.

첫 번째, 신뢰를 형성하는 기반인 토양과 같은 진정성이다. 진정성은 마음에 품은 참된 의도로서 신뢰를 형성하는 인간관계에서 가장 먼저 지녀야 할 마음의 자세이다.

두 번째, 신뢰 형성을 위해 진정성의 토양에 깊게 내린 나무의 뿌리와 같은 성실성이다. 성실성은 참된 의도를 품고 정성스럽게 행동하는 것으로 마음먹은 것을 실천하는 방법을 말한다.

세 번째, 참된 토양에 뿌리내려 여러 양분을 빨아올리는 나무의 줄기와 같은 행동의 방향성인 일관성이다. 일관성은 한결같은 행동을 보여주는 태도이며 신뢰 유지를 위한 중요한 덕목이다.

네 번째, 큰 줄기에서 빨아올려 세부 줄기의 가장 끝에 달린 잎과 같은 개방성이다. 개방성은 과정에서의 유연성을 의미하는 것으로 수용과 배척에 있어 다각적 태도를 취할 수 있는 과정에서의 열려 있는 행동이다.

다섯째, 과정에서의 위기대처 능력인 리스크 관리이다. 신뢰는 형성하기도 어렵지만 유지하기는 더 어렵다. 이는 다양한 위기 요인이 곳곳에 도사리고 있기 때문에 늘 준비하고 대비해야 함을 의미한다.

마지막으로 형성된 신뢰를 유지하고 강화하기 위해 지속적인 신뢰 관리가 필요하다. 꾸준한 관리는 더 큰 영향력을 만들기 위한 기초가 된다. 신뢰 관리를 위해서는 구체적인 전략과 방법이 필요하다.

위의 여섯 가지가 신뢰를 만들고 지속시키고 강화하는 요인이다. 이는 토양에 뿌리내린 작은 씨앗이 큰 나무로 성장하는 과정과 매우 유사하다. 또한, 여섯 가지 요인이 신뢰 형성에 순차적으로 작용한다. 즉 진정성의 토양에 성실성의 뿌리에 일관성의 줄기에 개방성의 잎, 그리고 주변 환경, 태양이나 온도, 수분 등의 리스크 관리를 통한 지속적 신뢰 관리가 신뢰 형성에 단계적으로 영향을 미치는 것이다.

본격적으로 휴먼브랜드의 신뢰를 형성하기 위한 단계별 요인에 대해 세부적으로 살펴보자.

01

진정성

- 하나부터 열까지 진정을 다하라 -

거위는 생각한다. 우리 주인은 좋은 사람이라고.
자신이 크리스마스 식탁에 오르기 전까진.

단 한 번의 예외가 수만 번 입증된 이론을 뒤집기엔 충분하다. 진정성이 그러하다. 진정성은 모든 인간관계의 기본 중의 기본이며, 신뢰의 토양과 같은 인간이 마음속에 품어야 할 가장 기본적 자세이다. 휴먼브랜드의 전제가 신뢰라면, 신뢰의 전제가 바로 진정성이다.

진정성은 시작하는 단계에서 의도에 거짓이 없고 참됨을 의미한다. 모든 일에 진정을 다한다는 말은 매사에 거짓이 없고 참된 마음으로 임한다는 의미일 것이다. 그렇다면 진정성이란 과정도 결과도 아닌 시작하기 전에 마음에 품는 의도라고 할 수 있다. 즉 의도에 거짓이 없고 참된 것이 진정성이다.

인간은 많은 사람과 다양한 상황 속에서 무수한 변수들과 치열한 경쟁을 하며 살아가고 있다. 이렇게 급변하는 사회 속에서 지속적인 신뢰를 유지하기 위해서는 가장 먼저 마음에 선한 의도를 품어야 한다. 이는 우선의 이익을 추구하는 근시안적인 사고에서는 진부하고 전략적이지 못하게 들릴 수도 있다.

하지만 조금만 더 멀리 보자!

상대와의 관계를 유지하고 발전시키기 위해서 가장 중요한 것이 무엇일까? 일을 진행하는 과정과 결과도 중요하지만, 처음 만날 때 품은 의도가 핵심이다. 이는 앞으로 행동할 모든 일의 방향성을 결정하기 때문이다.

건강식품을 판매하는 세일즈맨을 예로 들면, 고객과의 만남을 앞두고 '많이 팔아 높은 수익을 올리자'라고 생각하는 사람과 '좋은 정보를 전달하여 고객이 건강해지길 바란다'라고 생각하는 사람은 눈빛부터가 다를 것이다. 또한, 판매에 임하는 자세도 다르다. 전자는 제품 판매에만 집중해 다양한 설득으로 소비자를 유혹한다면, 후자는 진정 소비자의 건강 증진을 위한 다양한 솔루션을 제공할 것이다. 소비자의 입장에서는 후자의 경우와 높은 신뢰를 바탕으로 장기적인 관계를 유지할 확률이 훨씬 높다.

또한, 시작단계에서 진정성의 위력은 과정과 결과에서 나타나는 성과보다 중요하다. 세상에는 의도와 상관없이 잘 되는 일도 있고 안 되는 일도 있다. 정말 좋은 의도였음에도 불구하고 과정에서 불미스러운 일이 발생하기도 하고 엉뚱한 결과가 나타나기도 한다. 반대로 지극히 이기적인 의도로 시작한 일이 좋은 결과로 나타나는 일도 있다. 하지만 궁극에는 처음 시작할 때의 초심 즉, 선한 의도가 있으면 과정에서의 불미스러움이나 결과에서의 불만족도 어느 정도는 순화시켜 주며 또한 새로운 기회도 주어지기 마련이다.

이렇듯 진정성이란 처음 시작할 때의 의도가 얼마나 참되고 바른지에 대한 정도이다. 인생을 살아가는 데 과정과 결과보다 더 중요한 요인으로 작용하며, 관계의 지속성뿐만 아니라 새로운 기회까지 제공해 주는 값진 요인이다. 또한, 진정성은 한번 잃어버리면 회복하기에 너무 오래 걸리거나 영영 회복 불가능할 수도 있다.

Case_국민요정에서 국민악녀로

1994년 미국에서 노르웨이 릴레함메르 동계올림픽을 앞두고 서로 경쟁하며 우위를 다투는 두 명의 피겨 선수가 있었다. 그들은 먼저 두각을 드러낸 토냐 하딩과 무섭게 치고 올라오는 유망주인 낸시 케리건이다. 이들은 올림픽 출전권을 따기 위해 치열히 경쟁하는 사이였다.

어느 날 연습을 마치고 대기실로 돌아가는 케리건에게 한 괴한이 나타나 몽둥이로 무릎을 내리치는 사건이 있었고 쓰러진 케리건이 울부짖는 모습은 일제히 방송을 탔다. 결국 케리건은 올림픽에 출전하지 못했고 하딩만 출전하게 되었다. 하딩은 인터뷰에서 케리건과 함께 경쟁해서 출전권을 따지 못해 아쉽고 훗날 정당히 싸워 이기고 싶다는 메시지를 남겨 전 국민의 관심과 사랑을 받게 되었다.

하지만 FBI 조사 결과 케리건 피습은 하딩의 사주를 받은 전 남편의 청부폭력이었던 것으로 드러났다. 하딩은 하루아침에 국민요정에서 국민악녀로 돌변한 셈이다. 낸시 케리건은 아직도 피겨 분야에서 활동하며 국민적 신뢰를 쌓고 있는 반면 하딩은 피겨 사상 최악의 폭력사건을 일으킨 장본인으로 국제스케이트연맹에서 영구 제명당하는 수모를 겪고 나락으로 떨어졌다.

선의의 경쟁은 자신을 이기는 힘이 되고
악의의 경쟁은 자신을 죽이는 독이 된다.

Solution_ 진정으로 진정성을 유지하는 방법
내 안에 있는 다양한 나를 하나로 만들어라

내 속엔 내가 너무도 많아 당신이 쉴 곳 없네
내 속엔 헛된 바램들로 당신이 편한 곳 없네
- 가시나무 가사 중 -

내 속에 다양한 모습의 내가 얼마나 있을지 생각해 본 적 있는가? 적어도 내 속엔 내가 하나만 있다고 말하는 사람은 극히 드물 것이다. 인간은 상황에 따라, 기분에 따라, 상대에 따라 여러 형태의 태도를 보인다. 여기에는 규칙과 규율이라는 사회적 범주에 의해 무언의 강압적으로 취하는 태도도 있고, 상대를 존중하고 배려하기 때문에 취하는 태도도 있고, 목적 달성을 위한 거짓과 가식의 태도도 있다. 어떤 요인에 의해서든 내가 선택하는 내 모습은 시시각각 다르게 나타난다. 여기에서 중요한 것은 내가 생각하는 나의 모습, 즉 자아self는 다양하게 나타나지만 결국 나 자신은 하나라는 것이다.

진정성과 자아는 어떤 관계가 있을까?

진정성을 이해하기 위해 진정성에 관한 다양한 정의를 알아볼 필요가 있다.

자신의 가치, 생각, 감정, 신념을 가지고 진정한 자아와 일치되게
행동하는 것으로 자기인식(self-awareness)과
자기통제(self-regulation)라는 두 가지 요소를 포함하는 것

- Harter -

스스로에게 진실된 자아를 일상생활에서
자신의 의지에 따라 작동시키는 것

- Kernis -

자기 자신에게 정직하고 자신의 핵심 가치에 일치하는 것

- Erickson -

진정성은 진정한 자아 그 자체를 의미하고
비진정성은 타인과의 관계에서 진정한 자아를 숨기고 거짓된
행동을 보여주는 것

- Snyder -

자신의 내면에 존재하는 통합된 자아의 발견을 통해
진정한 자아와 일치하는 방향으로 자신을 표현하는 것
– 안 은 情 –

진정성에 대한 다양한 정의를 종합해서 공통점을 찾아보면 결국엔 자아와 일치되게 행동하는 것으로 귀결된다. 즉 자신의 내면에 존재하는 통합된 자아를 발견하면서 진정한 자아와 일치하는 방향으로 자신을 표현하는 것을 의미한다.

진정성은 결국 내 마음속에 있는 다양한 자아가 하나로 되어갈 때 도달할 수 있는 경지이다. 좀 더 쉽게 생각해 보자.

자아. 스스로 생각하는 자신의 모습을 말한다. 유행가 가사에서 얘기하듯 내가 생각하는 나의 모습은 한 가지로만 표현할 수는 없다. 일찍이 자아를 연구한 써지 교수1982는 자아개념을 종합적으로 분석하여 네 가지 차원으로 정리하였다.

- 나는 어떤 사람인가? – 현실적 자아
- 내가 바라는 나의 이상적인 모습은 어떤 사람인가? – 이상적 자아
- 남들이 보는 나는 어떤 사람인가? – 사회적 자아
- 남들에게 비치고 싶은 나의 모습은 어떤 사람인가? – 이상적 사회적 자아

첫째는 현재의 자신의 모습을 있는 그대로 본 현실적 자아이다. 입시를 준비하는 학생의 모습, 취업을 준비하는 준비생의 모습, 스타를 꿈꾸는 연습생의 모습, 갓 입사한 신입사원의 모습, 승진을 앞둔 직

장인의 모습, 퇴직을 준비하는 모습 등 현재 자신의 실제 모습을 그대로 반영한 모습이 현실적 자아이다. 만약 당신에게 현재 당신의 모습에 만족하는지 물어본다면 과연 얼마의 수치가 보고될까? 대부분은 오늘의 모습에 대한 만족보다는 꿈꾸는 이상을 향한 갈망이 더 클 것이다. 더 좋은 대학, 더 유명한 회사, 더 많은 연봉, 더 좋은 대우, 더 쾌적한 환경, 더 멋있는 자가용 등등 현재 이루어지진 않았지만 미래에 이룰 수 있다는 희망이 오늘을 지탱하는 힘일 수도 있는 것이다. 인간 성장의 원동력은 더 나은 미래에 대한 갈망에 있기 때문이다. 이것이 두 번째 자신이 바라는 모습인 이상적 자아이다.

인간을 꿈을 꾸는 동물이다. 꿈은 이상세계에 대한 접근을 말한다. 더 나은 이상세계에 자신을 안착시키기 위한 인간의 욕구는 끊임없이 진화한다. 처음에는 하나만으로도 충분히 행복했었는데 많은 경험을 하게 되면서 욕구도 다양하고 복잡해진다. 인지상정이다. 이런 욕구가 증폭되면서 자신이 바라는 이상적인 모습도 다양하게 진화되어 간다.

문제는 현실적 자아와 이상적 자아 간의 괴리를 인간이 매우 불편해한다는 것이다. 이는 양날의 검과 같이 희비가 존재한다. 긍정적인 측면은 현실적 자아와 이상적 자아 간의 거리를 줄이기 위해 끊임없이 노력한다는 것이다. 즉, 더 공부하고, 더 운동하고, 더 연구하고, 더 뛰고, 더 앞장서려 한다. 반면 부정적 측면은 현실적 자아와 이상적 자아 간의 괴리를 극복하지 못하고 현실적으로 부정적 편견에 휩싸이거나 거짓된 이상적 모습으로 자신을 위장하기도 한다.

거짓된 모습으로 자신을 위장하는 것은 궁극적으로 타인에게 비치는 자신의 모습을 연출하기 위함이다. 이는 타인에게 보이는 나의 모습인 사회적 자아를 연출하기 위한 것이기도 하다. 인간은 누구나 어쩔 수 없는 사회적 존재이다. 내가 생각하는 바가 타인과 다를 때 갈등을 겪게 되고, 타인이 보는 나의 모습에 신경을 쓰게 된다. 그래서 남의 눈에 잘 보이기 위해 과장과 거짓도 어렵지 않게 행하게 된다. 이러한 현실적 자아와 사회적 자아 간의 괴리는 진정성을 저해하는 요인이다.

마지막으로 타인에게 비치고 싶은 이상적인 자신의 모습인 이상적 사회적 자아는 이상적 자아만큼이나 현실적 자아 간의 괴리가 있다.

종합적으로 보면 자아는 다양하지만, 결국엔 자아 간의 괴리를 줄여서 어느 상황에서 누가 보더라도 같은 느낌을 받을 수 있도록 진정성을 가지는 것이 중요하다고 본다.

삶에서 한결같은 진정성을 유지하려면 현재 자신의 모습을 직시하고 미래에 바라는 모습을 염원하면서 거짓 없이 참되게 노력해야 한다.

진정성 있는 휴먼브랜드가 되기 위한 실천 방법 10가지

휴먼브랜드가 되기 위한 전제가 신뢰의 구축이고, 신뢰를 구축하기 위한 전제가 진정성을 확보하는 것이다. 참된 진정성을 확보하기 위해서는 내면에 있는 다양한 자아를 진정한 현실적 자아로 통합하는 것이다. 즉 현실적 자아와 이상적 자아 간의 괴리를 인정하고 그 간격을 좁히기 위한 진솔한 자세와 행동이 따라야 한다. 다시 말해 다차원적인 자아와 현실 간의 괴리를 상쇄시켜 진정한 자아의 기반을 확보할 때 진정성 있는 인간이 되는 것이다.

현실적 자아와 이상적 자아 간의 괴리를 상쇄시키기 위해서는 두 가지를 유념해야 한다.

첫째는 자기 인식이다. 이는 자신의 현재 상태를 파악하는 것으로 목표나 믿음, 감정과 가치관 등을 인식하는 것이다. 현재의 자신의 모습을 객관적으로 볼 수 있고, 장단점을 명확하게 인식할 수 있어야 한다. 둘째는 자기통제이다. 이는 실제 이루어야 할 결과와 현재 상태를 비교하여 불일치가 느껴질 경우 이를 해소하기 위한 특정 노력을 기울이는 것이다. 현재 나의 목표와 이상적 목표 사이의 괴리를 축소하기 위한 다각적 노력은 스스로 성장하는 동기가 될 것이다.

진정성 서두에 언급한 거위의 이야기로 돌아가 보자.

거위는 매일 맛있는 먹이를 제공하는 주인이 매우 반갑고 고마웠을 것이다. 식사 시간마다 주인을 기다리며 맛난 먹이를 먹기 위해 주인 뒤를 졸졸 따라다니며 애교도 부렸을 것이다. 하지만 어제도 먹이를 주었고 오늘도 주었으니 내일도 줄 거라는 기대는 거위의 착각이었다. 먹이를 주는 주인의 의도는 거위를 포동포동 살찌워 필요한 시기에 적절한 용도로 사용하는 것이었고, 그걸 알 길 없는 거위는 주인을 신봉하고 따르다가 커다란 배신을 맛보게 된다. 이 이야기의 시작은 서로를 대하는 주인과 거위의 의도가 애초부터 달랐다는 것에서 출발한다. 그러므로 적어도 거위에게는 불행한 결론으로 가게 되는 것이다.

이는 귀납법의 오류로 대표되는 이야기이기도 하다. 귀납법은 개별적 특수한 사실이 확장되어 일반적 명제로 이끌어내는 논리로 어제와 오늘의 선행 – 먹이를 주는 행위 – 이 내일의 악행 – 식탁 위의 요리 – 을 설명해주는 논리가 되지 못한다는 점이다. 여기에서 중요한 것은 진정성 또한 마찬가지라는 것이다. 어제오늘의 진정성이 항상 내일의 진정성으로 이어지는 것은 아니라는 것이다. 진정성은 항상 현재진행형이 되어야 한다. 진정을 다한다는 것은 시기와 장소 또는 상황에 따라 바뀌는 것이 아니라 하나에서 열까지 현재진행형으로 지속되어야 한다. 그것이 진정성이다.

진정성 셀프 체크리스트

자기 인식

1. 있는 그대로의 자신의 모습을 객관적으로 인식한다.
2. 부족함을 창피해하지 않고 채우지 않음을 부끄러워한다.
3. 추론이 아닌 사실만을 가지고 소통한다.
4. 비관적 부정주의와 낙관적 긍정주의를 배제한다.
5. 삶의 목표와 비전을 명확히 세워 매 순간 되새긴다.

자기 통제

1. 여유로움을 바탕으로 나를 진정으로 사랑한다.
2. 이타주의를 바탕으로 자신의 가치를 공유하기 위해 노력한다.
3. 합하고 더하고 첨가하여 새로운 가치를 제안한다.
4. 자신의 이상적 자아발전을 위한 구체적인 노력을 실천한다.
5. 언제 어디서 누구와 있든지 자신의 가치관을 바탕으로 행동한다.

• 잠깐 • 삼천포

진정성과 진실성의 차이는 뭘까?

둘 다 거짓 없이 참됨을 의미한다는 공통점이 있지만 확연한 차이점이 있다. 그것은 대상의 차이이다. 진정성은 자기 자신에게 참되고 거짓 없는 것이고 진실성은 남에게 정직한 것을 의미한다. 진실하기 위해서는 진정이 선행되어야 한다는 의미이기도 하다. 내면이 참되지 않은 사람에게 외적 행동의 참됨을 기대하기는 어렵기 때문이다.

02

성실성

- 첫발은 정성스럽고 참되게 -

늑대가 나타났다는 거짓말로 마을 사람들에게 장난을 치는 양치기 소년이 있다.

만약 양치기 소년이 어떤 사람이라면 사람들이 다시 달려와 줄까?

1. 명문대 출신이라면
2. 아버지가 고위공직자라면
3. 백만장자라면
4. 영화배우같이 잘생겼다면
5. 이번이 두 번째 거짓말이라면

당신은 몇 번을 택했는가?

만약 당신이 1부터 4번 중에서 하나를 골랐다면 나름의 의도가 있으리라 생각한다. 그러나 5번을 골랐다면 적어도 당신은 성실함을 아주 중요한 덕목으로 생각하는 사람이 분명하다.

시작하기 전 마음에 품어야 할 자세가 참된 의도라면 시작과 더불어 첫발을 내딛는 순간의 행동철학엔 성실함이 담겨야 한다. 성실성이란 사회적 규범 및 규칙을 지키면서 자기 삶의 원칙에 따라 겉과 속을 일관적으로 유지하는 성향을 의미한다.

참된 의도인 진정성을 바탕으로 그것과 일치된 행동을 이끌어내는 원동력, 즉 신뢰의 뿌리가 성실성이다.

성실성에 대한 다양한 정의를 살펴보자.

인간의 5가지 성격 유형(외향성, 친화성, 개방성, 신경증, 성실성) 가운데 하나

- Goldberg -

주의 깊은, 철저한, 책임감이 강한, 조직적, 계획적 등을 의미하는 성격 특성

- Costa & McCrae -

정직 및 개인이 지지하는 가치와 행동의 일치에 초점을 두는 것

- Yukl -

사고와 감정과 행동의 전반적인 일치

- Palanski & Yammarino -

성실성의 의미를 종합해보면 성실성이란 성격 특성의 하나로서 강한 책임감으로 생각과 행동을 일치시키는 성향을 의미한다.

일찍이 많은 학자들이 인간의 성격에 관심을 가지고 성격 유형을 구분하기 위한 다양한 연구를 진행했다. 이들 중 골드버그Goldberg는 기본적으로 인간 내부에는 비교적 항상적이고 구조적인 일관적인 틀이 있다고 가정하면서 대표적으로 인간 성격 유형을 5가지로 구분하여 설명했다. 그가 구분한 성격의 5요인은 신경증, 외향성, 친화성, 개방성 그리고 성실성이다. 성실성은 인간의 성격 특성의 한 유형이며 한 개인에게 일괄되게 나타나는 특징이라고도 할 수 있다.

성실성에 관해 심도 있는 연구를 한 팔렌스키Palanski와 야마리노Yammarino는 성실성의 의미를 5가지로 구분하였다. 첫째, 성실성에 관한 통합적 개념으로 행동과 사고와 감정의 전반적인 일치를 의미한다. 둘째, 사회적 행동에 관한 성실성으로 말과 행동의 일치를 의미하며 행동적 성실성 측면을 강조하였다. 셋째, 역경에서의 일관된 행동을 나타내는 성실성으로 어려움이나 역경 또는 유혹 상황에서도 변함없는 행동을 보이는 것을 의미한다. 넷째, 자기 자신에게 떳떳한 양심에서 나오는 성실성으로 자신의 마음에 거리낌이 없이 행동하는 것을 의미한다. 다섯째, 도덕과 윤리적 기준에 적합하게 행동하는 성실성으로서 정직이나 정의 및 박애주의적인 관점을 내포한다. 성실성에 대한 다양한 학자들의 의견을 종합해 보면 성실한 사람에게는 비교적 항상적이고 일관적인 틀이 보인다는 것이다.

성실을 저해하는 요인 3無

성실한 사람에게서 나타나는 일반적인 특징은 사회적인 규범이나 규율 및 원칙을 잘 지키며, 뚜렷한 가치관의 틀을 가지며, 말과 행동을 일치시키며 책임감 있게 행동하는 사람이다. 또한, 이들은 명확한 목표 설정에 따라 분별력 있고 체계적으로 실행하는 경향이 강하고 성취 욕구 또한 높게 나타난다.

성실한 유형의 사람은 대인관계도 원만하고 업무 수행 능력도 뛰어나며 더불어 직무성과도 높게 나타나 사회적으로 높은 신뢰를 형성하고 있다. 성실성이 기반 된 신뢰는 인간관계에서 시간과 비용을 줄여주는 효과가 있으며 높은 효율성을 바탕으로 지속적인 대인관계를 유지하게 하는 근본이 된다.

휴먼브랜드가 되기 위해서는 신뢰를 지속해서 구축해야 하며 성실성은 신뢰 유지와 성장의 기본 행동 틀이 된다. 누구나 성실한 사람이 되는 것을 성공하기 위한 기본 덕목이라 여긴다. 더불어 성실한 삶을 살기 위해 다양한 시도와 노력을 기울이고 있다. 대표적인 예가 뚜렷한 목표와 계획을 세우는 것이다. 뚜렷한 목표가 있으면 그것을 이루기 위한 한 걸음 한 발이 보다 더 적극적이고 명확할 것이다. 하지만 마음 한구석에 자리한 나태함의 수렁이 있기에 녹록지만은 않다. 이렇듯 성실하고자 하는 행동을 저해하는 다양한 요인이 우리의 생활 깊숙이 속속 들여 박혀 있는 것이 사실이다.

그렇다면 불성실을 유발하는 생활에서의 문제요인은 무엇일까?

가장 원인이 되는 요인으로 첫째, 뚜렷한 가치관이 없기 때문이다. 인간은 저마다 태어난 이유와 살아가는 방식, 그리고 미래에 대한 꿈이 있다. 태어난 이유는 사명mission이고 살아가는 방식은 핵심 가치core value이고 미래의 꿈은 비전vision이다. 이것을 통합한 것이 개인의 가치관이다. 물이 바닷물이건 접싯물이건, 돌이 바윗돌이건 모래알이건 고유의 가치가 존재한다. 인간 또한 왜 태어났는지, 어떻게 살 건지, 무엇이 될 건지에 대한 원초적 물음을 갖고 태어나 살아가고 있다. 하지만 살면서 이 물음에 대한 명확한 답이 없어지면 삶을 적극적으로 살 이유 또한 사라지게 된다. 성실함이 필요 없어지는 가장 큰 원인인 것이다.

둘째, 스마트하지 않은 목표 설정 때문이다. 목표를 세우기 위해서 선행되어야 할 것이 가치관의 정립이다. 생각의 틀이 확고히 자리 잡아야 행동의 틀도 계획할 수 있기 마련이다. 즉 가치관과 목표 설정은 한 방향으로 계획되어야만 한다. 그래야만 진정한 몰입을 유도할 수 있고, 열정을 다해 실행하려 들 것이다. 가치관은 나의 존재 이유를 자각하게 하고 미래의 방향을 결정하기 때문에 동기를 충분히 유발할 수 있다.

가치관이 바탕이 된 목표 설정에는 구체적 방법이 있다. 일찍이 경영의 그루 피터 드러커는 목표를 설정할 때 고려해야 할 다섯 가지를 'SMART'하게 정의했다. 즉 목표는 구체적이고S: specific, 측정 가능해야 하고M: measurable, 달성 가능해야 하고A: achievable, 현실적이고R: realistic, 기한이 정해져 있어야T: timed 한다는 것이다.

시대가 바뀌면서 목표 설정 방법에도 변화가 필요하다. 본 저자는 스마트한 방법에서 제시한 다섯 가지 요인들 간의 중복성을 통합하고 부족한 부분을 채워 새로운 개념의 목표 설정 방법을 제안한다. 달성 가능성A: achievable과 현실성R: realistic을 통합하여 현실적으로 달성 가능한P: possible, 전체적으로 종합한O: overall, 구체적이며 명확한S: specific, 정해진 기한T: timed과 같이 네 가지 요인으로 정리하여 'POST'한 목표 설정 방법을 정의한다. 포스트한 목표 설정 방법에 대한 구체적 방법은 뒷장에 상세히 설명하겠다.

셋째, 불성실을 초래하는 요인으로 자기보상에 대한 인색함이 있다. 인간이 성과를 이루고자 하는 이유는 성과 후에 주어지는 달콤한 보상 때문이기도 하다. 어렵게 공부한 외국어는 자유로운 의사소통이란 보상을 주고, 힘들게 뺀 살은 날씬함과 건강이란 보상을 준다. 하지만 중간중간 보상이 주어지지 않는 오르막길만 있는 목표는 꾸준히 하고자 하는 성실함을 위협하는 요인이 된다. 높은 산을 정복하기 위해서는 적절한 위치에 베이스캠프가 반드시 있어야 하며, 지속적인 목표를 달성하기 위한 성실성 유지에는 적절한 자기보상이 주어져야 한다. 거창한 해외여행이나 고가의 명품이 아니라도 자신에게 훌륭하다고 칭찬할 수 있는 작은 이벤트를 준비해 보는 것도 충분한 동기부여가 될 수 있다.

Case_뇌성마비 장애인에서 전설의 영업왕으로

영화 〈도어 투 도어〉(2002)의 주인공은 매일 4시 45분에 일어나 하루 8시간 이상을 걸어 다니며 고객의 집을 방문한다. 그는 뇌성마비 장애인으로 쓸 수 없는 오른팔은 감추고 왼팔에 무거운 가방을 들고 15km가 넘는 거리를 하루 내내 걸어 고객과 만난다. 그 기간이 무려 24년 이상 지속된다. 그의 성실한 모습은 장애인에 대한 편견을 부수게 하였고 무한한 신뢰로 고객에게 다가갔다. 그 결과 그는 영업의 불모지에서 영업왕으로 등극하게 되고 그의 영업실적 신화는 여전히 깨지지 않고 있다.

〈도어 투 도어〉는 빌 포터라는 실존 인물의 인생을 그린 영화로 혼자 몸도 가누기 힘든 장애를 가진 사람이 누구의 도움도 받지 않으며 홀로서기 위해 혼신의 힘을 다하는 모습은 애절함을 넘어 크나큰 감동으로 다가온다.

빌 포터의 성공을 이끈 가장 큰 원동력은 무엇일까? 그는 늘 곁에서 지켜주던 어머니가 병을 앓으면서부터 홀로서지 않으면 안 되는 절박함에 놓인다. 또한, 고객의 거절로부터 수많은 인내를 경험하게 된다. 그는 고객의 거절을 더 좋은 가치로 찾아오라는 고객의 요구로 믿고 한결같이 정성을 다해 고객에게 다가간다. 그의 절박함과 인내는 성실함이란 무기를 강화하는 요인이 되었고 그는 성실을 통해 얻게 된 신뢰를 바탕으로 성공이란 신화를 쓰게 된 것이다.

Solution_ 성실성을 내재화하는 방법 목표는 POST하게 설정하라

휴먼브랜드가 되기 위해서는 지속적인 신뢰가 바탕이 되어야 하며 성실성은 지속 가능한 신뢰의 유지와 성장의 기본 행동 틀이 된다. 성실한 사람들의 특징은 말과 행동을 일치시키며 뚜렷한 가치관의 틀을 가지고 명확한 목표를 설정하여 체계적으로 실천하는 경향이 강하다.

그렇다면 지속적으로 성실성을 유지하고 강화하기 위해서는 명확한 목표 설정과 관리가 병행되어야 한다.

본 저자는 목표 설정의 방법을 앞서 언급하였듯이 SMART한 방법에서 제시한 다섯 가지 요인들 간의 중복성을 통합하고 부족한 부분을 채워 새로운 개념의 목표 설정 방법을 제안한다. 목표 설정 방법을 현실적으로 달성 가능한P: possible, 전체적으로 종합한O: overall, 구체적이며 명확한S: specific, 정해진 기한T: timed과 같이 네 가지 요인으로 정리하여 목표 설정 방법으로 'POST'하게 정의한다.

요약하면 현실적으로 기한 안에 달성 가능한 목표를 구체적으로 계획하라는 것이다. 특히 전체적으로 종합한 목표의 유형을 구분해야 한다. 여기에는 풍선효과를 배제하고자 하는 의지가 담겨 있다. 풍선효과는 풍선의 한쪽을 누르면 다른 한쪽이 불쑥 튀어나오는 현상을 빗대어 설명한 것으로 어느 한 부분의 문제를 해결하고 나면 또 다른 부분에서 문제가 발생하는 현상을 가리키는 말이다. 목표 설정 단계에서 전체적으로 종합한다는O: overall 요인은 매우 중요하다.

그렇다면 전체적으로 종합한 목표는 어떻게 설정해야 하는가?

우선 목표 자체를 개인적 목표와 조직(일)적 목표와 관계적 목표로 구분할 필요가 있다. 인간은 사회적 동물이다 보니 나와 일, 그리고 관계를 모두 고려하여 계획을 세워야 풍선효과를 방지할 수 있다. 이렇게 영역을 구분한 후에는 영역별 시급성과 중요성에 따라 계획을 구체화해야 한다. 물론 실현 가능한 범위에서 세밀하고 구체적으로 기한을 정해두고 실천으로 옮겨야 한다.

여기에서 중요한 사항은 중요성은 높으나 시급하지 않은 일에 대한 목표 설정에 게을리해서는 안 된다는 것이다. 발등에 떨어진 불은 빨리 끄지만, 강 건너 불은 무관심하기 쉽다. 진정 성실한 사람은 겨울을 준비하듯 미래를 위해 지속적으로 투자하는 사람일 것이다.

• 잠깐 • 삼천포

진정성과 성실성의 근본적 차이는 뭘까?

진정성은 자아의 내면적 경험 즉 내면과 외면의 자아가 일치하는지를 반영하는 것이라면 성실성은 타인이 관점 즉 자아가 다른 사람들에게 어떻게 보이는지를 강조한 것이다. 다시 말해 진정성의 주체는 자기 자신이라면 성실성의 주체는 타인의 관점에 투영된 나 자신이란 것이다.

조정래 작가의 일상

작가로서 내 삶은 먹고 자고 쓰고의 연속이다.

6시에 일어나 운동과 식사를 한 뒤 9시에 서재로 출근한다.

새벽 두세 시까지 죽을힘을 다해 쓴다.

20년 동안 세상과 절연하고 대하소설 3편을 썼다.

'천재는 1%의 영감과 99% 노력으로 이뤄진다'

는 말이 너무 좋아 평생의 길잡이로 삼아왔다.

자기 자신의 재능을 믿지 말고 노력을 믿어라.

성실하라고 하는 건 너무 흔한 교훈이라 식상해할 것이다.

그러나 그 어떤 분야에서든 최고의 위치에 다다른 사람들은

하나같이 자기 나름의 뼈를 깎는 노력을 했다.

인생이란 단 한 번을 살다 가는 것뿐인데

허튼짓해가며 낭비하고 탈진할 틈이 없다.

영혼을 담아 치열하게 노력하길 바란다.

– 조정래의 시선 –

조정래(1943~)는 대한민국의 소설가이다.

대표작으로 《태백산맥(10권)》, 《아리랑(12권)》, 《한강(10권)》 등의 대하소설이 있다.

03

일관성

- 뚜렷한 가치관을 가지고 한결같이 행동하라 -

2016년 PGA투어 피닉스오픈 프로암 경기 16번 홀 파3에서 엘드릭은 홀인원을 기록했다. 주변 사람들은 다들 환호성을 지르고 기뻐하며 얼싸안았는데 정작 엘드릭은 아무 반응이 없었다. 그도 그럴 것이 엘드릭은 '지능형 회로장착 지향성 발사 로봇' 즉 AI 골프 로봇이기 때문이다. 일반적으로 아마추어 골퍼의 경우 홀인원 확률이 1만2000분의 1, 프로골퍼는 3000분의 1로 알려진 것을 감안하면 엘드릭이 5번의 스윙 만에 홀인원을 달성한 것은 가히 놀라운 결과이다. 프로조차도 평생 못해본 사람이 많다는 홀인원을 로봇이 너무도 어처구니없이 쉽게 해내는 것을 보며 한 인간으로서 자괴감마저 드는 사건이었다.

그렇다면 어째서 AI 로봇은 쉽게 홀인원을 할 수 있었을까?

한국 골퍼 중 레전드로 불리는 최경주는 하루에 연습볼을 4000개 이상을 치는 연습벌레로 유명하다. 한 자리에 서서 똑같은 자세로 같은 위치에 서 있는 공을 끊임없이 반복적으로 치는 연습을 매일 대여섯 시간씩 해낸다. 그의 이런 끈기는 한국 골프 역사를 새로 썼으며 지금까지도 살아있는 레전드로 불리는 이유이다. 하나의 동작을 언제 어디서나 흐트러짐 없이 해낸다는 것은 언뜻 쉬워 보일 수도 있지만, 막상 미세한 오차 없이 해낸다는 것은 신의 경지에 가깝도록 어려운 일이다. 이런 일을 해내는 것은 수많은 연습의 결과이다. 반복된 혹독한 훈련은 이성적 뇌에 의한 반응이 아닌 습관적 근육의 힘을 만들어 항상 일관성을 유지하도록 해준다. 이러한 일관성이 예측 가능한 결과를 만들어 주고 또한 신뢰를 지속시켜 주는 힘이 된다.

다시 AI 로봇인 엘드릭의 홀인원에 대해 생각해 보자. 엘드릭은 인공지능을 탑재한 로봇이다. 로봇이 인간보다 유용할 때는 기계적이고 반복적인 일을 오차 없이 해낼 때이다. 인간 중에서도 간혹 기계적이고 반복적인 일을 오차 없이 해내는 사람이 있다. 우리는 그들을 달인이라 부르기도 한다. 같은 일을 수없이 반복한 결과 실수의 간극을 아주 많이 좁힌 경우이다. 인간과 기계의 근본적인 차이는 기계는 입력된 수치에 의해 자동으로 획일화가 이루어진다면, 인간은 수없는 반복과 노력에 의해서만 획일성을 이룰 수 있다는 것이다. 그래서 인간은 이성적 뇌에 의해서가 아니라, 습관적 근육을 길들여야 한다. 그만큼 인간의 삶에서 일관성을 갖춘다는 것은 만만치 않은 고행이며 신뢰를 만들기 위한 중요한 행동철학이기도 하다.

일관성 유지는 이성적 뇌에 명령을 내리는 것이 아니라

습관적 근육을 길들이는 것이다.

지속적인 신뢰를 쌓아가기 위해선 시작 전의 마음에 의도를 선하게 하는 진정성을 바탕으로 시작과 더불어 정성을 다해 생각과 행동을 일치시키는 성실함을 무기로 뚜렷한 방향성을 설정하여 에너지를 모아 전진하는 단계에 돌입해야 한다. 전진하기 위해서 가장 중요한 것은 방향성이다. 어디로 갈 것인가가 정해져야 전력 질주를 할 수 있는 것이다. 이러한 방향성을 잡아가기 위해 가장 중심이 되어야 할 태도가 일관성이다. 일관성이란 처음부터 끝까지 한결같은 방법이나 태도를 의미한다.

변화의 필연성을 역설하는 가운데 한결같음의 중요성을 강조하는 것은 시대에 뒤처져 보일 수 있다. 그러나 신뢰를 계속 이어가려면 일관성이 있어야 한다.

변해야만 살아남는다지만 원칙이나 기준 없이 변화만 추구한다면 그 무엇보다 빨리 도태될 수 있다. 변화를 추구하되 변하지 말아야 할 기본과 원칙의 최소치이자 변화의 방향을 제시해 주는 힘 – 그 큰 줄기가 일관성이다.

인간은 누구나 미래를 궁금해한다. 미래에 대한 불투명함은 막연한 불안감으로 다가온다. 하지만 한결같은 솜씨, 한결같은 마음씨, 한결같은 맵시 등 이러한 일관성은 미래를 예측할 수 있는 동기이기에 신뢰감으로 다가온다.

일관성을 구체적으로 정의 내리면 내적 태도와 외적 행동을 일치시키면서 처음부터 끝까지 태도나 행동에서 나타나는 한결같은 성향을 의미한다. 여기에서 내적 태도를 결정짓는 가장 중요한 뿌리가 바로 가치관이다. 가치관이 뚜렷한 사람일수록 태도와 행동에 일관성을 유지한다. 즉 자신만의 삶의 철학인 뚜렷한 가치관은 내적 태도와 외적 행동을 이끄는 중요한 동기인 것이다.

사람마다 즐겨 찾아가는 단골식당이 있을 것이다. 심지어는 대를 이어 찾아가는 수십 년 이상 된 단골집도 심심찮게 볼 수 있다. 이런 단골집의 영업 노하우는 무엇일까? 사장님의 친절함도 있고 위생적인 관리도 있겠지만 단연코 비결은 '변하지 않는 맛'일 것이다. 오랫동안 한결같이 유지해 온 맛의 비밀이 단골손님을 유혹하고 또 대를 이어 충성하도록 하는 것이다. 이것은 비단 음식만의 이야기는 아니다. 사람 또한 한결같음을 유지할 때 상대에게 믿음과 안정을 주어 신뢰로 발전하게 된다. 이러한 한결같음을 유지하고 강화해 주는 힘이 일관성이다. 일관성을 유지하면 늘 변함없는 이미지를 구축하게 되고 이는 자신의 신뢰를 강화할 수 있는 중요한 방법이고 태도이다.

그렇다면 변하지 않고 늘 같음을 유지하는 것이 신뢰를 구축하는 지름길인가? 단연코 그렇지만은 않다. 여기에서 일관성에 대해 확장된 해석이 필요하다. 일관성이란 가장 중요한 핵심 가치를 보존하면서 시대에 맞게 수정 보완하는, 즉 변화가 아닌 진화를 의미한다. 다시 말해 자신의 확고한 가치관을 바탕으로 자신의 정체성은 지키면서 새롭게 발전된 모습을 보여주기 위한 끊임없는 노력이라 할 수 있다. 변하지 않는 것이 아니라 잃지 않는다는 것이 더 현명한 해석일 것이다.

Solution_ 일관성을 유지하기 위한 해법

일관성을 유지하기 위해서는 이성적 뇌에 명령을 내리는 것이 아니라 습관적 근육을 길들여야 한다. 여기서 근육을 길들인다는 의미는 꾸준한 반복을 통하여 몸이 알아서 자연스럽게 행동하도록 하는 것이다. 일관성이란 것은 의식적이든 무의식적이든 자연스럽게 마음가짐과 행동으로 나타날 때 비로소 일관된다고 볼 수 있다. 일관된 사람에게서 느끼는 신뢰는 예측이 빗나가지 않았다는 안도감으로 다가온다. 그러한 안도감은 인간이 지속적으로 느끼고 싶은 감정이기에 일관된 성향의 사람과 지속적인 관계로 발전하게 된다.

그렇다면 인간이 일관된 태도를 보이기 위해 취하는 다양한 노력의 원천은 무엇일까? 그것은 바로 인지부조화 상태를 해소하고자 하는 인간의 기본 욕구에서 찾을 수 있을 것이다. 인지부조화란 자신의 가치관, 태도, 행동 간의 불일치를 인지할 때 느끼는 불편한 마음 상태를 일컫는 말이다. 인간은 근본적으로 행복을 추구하고자 하는 욕구가 강하다. 인간은 행복의 걸림돌이 되는 인지부조화 상태의 불편함을 들어내고 싶어 한다. 그래서 인지부조화를 해소할 방법을 찾아내 바로 실행으로 옮긴다. 즉 자신의 가치관이나 태도, 행동들을 변경시켜 이들 간의 일관성을 회복할 수 있도록 한다는 것이다.

이와 관련해 자주 등장하는 예로 이솝우화의 '여우와 포도' 이야기를 소개한다. 한 여우가 포도밭을 발견한다. 이 여우는 달콤한 포도를 먹기 위해 안간힘을 다 쓰지만, 포도송이가 너무 높게 달려 있어 먹을 수가 없다. 체념한 여우는 이렇게 혼잣말을 한다. "저 포도는 분명 신 포도일 거야!"

이 우화를 통해 인간은 늘 할 수 있는 일은 당연히 해오고 있고, 내가 이루지 못한 일은 할 수 없는 일이 아니라 나에게 맞지 않는 일이라고 치부하는 습성이 있음을 알 수 있다. 즉 늘 해오던 일이란 일관성을 유지하기 위해 하지 못한 일에 대한 자기 정당화 또는 자기합리화를 한다는 것이다. 이렇듯 인지부조화 상태를 극복하고자 하는 인간 심리를 엿볼 수 있다.

왜 인간이 자기변명에 가까운 낯 뜨거운 행동을 하면서도 일관성을 유지하려고 하는 것일까? 그것은 인간의 가장 궁극적인 목표에 도달하기 위한 노력의 일환이라 볼 수 있다.

인간은 궁극적으로 자아실현self-realization을 지향한다. 일찍이 아리스토텔레스는 인간은 자아실현을 통해 인간의 궁극의 목표인 행복에 도달할 수 있다고 했다. 행복은 만족과 기쁨이 충만한 상태이기도 하지만 또한, 불편과 고통이 없는 상태이기도 하다. 인지부조화 상태는 인간의 궁극적 행복을 저해하는 불편한 마음 상태이기에 인간은 여기에서 벗어나기 위한 필사의 노력을 하게 되는 것이다. 태도와 행동의 일관성이 없는 불편한 상태를 최소화하기 위한 노력은 인간의 근본 욕구를 해소하기 위한 노력으로 귀결된다.

AI 골프 로봇 엘드릭이 홀인원을 했을 때 가장 기뻐한 사람은 누구일까?

그 당시 자료화면을 보면 엘드릭을 설계한 연구원들이었다. 그들은 엘드릭이 인간을 넘어선 인공지능을 가진 로봇을 만들었다는 대단한 자부심에 환호하는 듯 보였다. 하지만 대다수의 인간들은 놀라움을 느끼면서도 기쁨보다는 위협감이나 자괴감이 든 것이 사실이다. 그중 실제 골프 선수들은 더욱 그러했을 것이다. 사람은 수없이 노력해도 어려운 것을 로봇이 쉽게 해내는 것을 보며 인간적 허탈감이 든 것이다.

만약 타이거 우즈와 엘드릭이 홀인원 배틀을 펼친다면 과연 당신은 어디에 베팅할 것인가? 많은 사람이 별로 망설이지 않고 확률이 높은 엘드릭에 베팅할 것이다. 단지 이기는 것이 목표라면 그럴 것이다. 이는 엘드릭의 일관성 있는 샷에 대한 신뢰가 있기 때문이다. 이렇듯 일관성은 예측 가능성을 바탕으로 신뢰를 형성하는 아주 중요한 요인이다. 엘드릭은 골프만을 위해 만들어진 기계이기에 가능한 것이지만, 무수한 다양성과 변수에 노출된 하나의 유기체인 인간에게 일관성을 유지한다는 것은 무던한 노력과 열정이 있어야 가능한 행동철학이다. 즉 이성의 뇌를 넘어선 세포가 인지하는 습성에 이르러야만 자연스럽고 편안한 일관성을 유지할 수 있는 것이다. 그렇기 때문에 인간은 홀인원을 했을 때 이루 말할 수 없는 쾌감을 느낄 수 있는 것이 아닌가 싶다.

• 잠깐 • 삼천포

혁신의 아이콘이자 거대 기업 애플의 창업자인 스티브 잡스.

그는 신제품 프레젠테이션 자리에 프레젠터로 등장하면서 12년간(1988~2010) 한결같은 패션을 보여줬다. 검정 터틀넥에 청바지와 운동화. 이 패션은 자연스럽게 혁신의 이미지를 대변하는 패션으로 인식되어 그의 철학을 닮고자 하는 이들에게 패러디되었다.

만약 잡스가 같은 자리에 다른 옷을 입고 나타났다면 대중의 반응은 어떨까?

아마 대부분의 사람들은 더욱 새로운 혁신을 기대하기보다는 의아한 반응을 보일 것이다. 이는 잡스의 일관된 패션은 이미 혁신의 이미지로 고착화되어 변하지 않는 것이 가장 신선한 파격적 혁신을 줄 것이란 신뢰로 자리 잡고 있기 때문이다.

04

개방성

- 다름을 인정하라 -

엄마와 아이가 산책 중에 휠체어를 타고 힘겹게 지나가는 한 남자를 만난다. 아이는 그 남자를 손으로 가리키며 큰 소리로 얘기한다.

"엄마, 저 아저씨 봐."

엄마가 다급하게 아이의 손을 가로막으며 장애인을 보고 손으로 가리키며 큰 소리로 이상하다고 얘기해선 안 된다고 충고를 하려는 순간, 아이가 말한다.

"엄마, 저 아저씨 쓰고 있는 노랑 모자가 너무 멋있어."

나를 포함한 우리는 얼마나 많은 편견과 선입견 속에서 살아가고 있는가?

사물이나 현상을 왜곡이나 편견 없이 보는 눈은

스펀지 같은 개방적 사고에서 나온다.

인간관계의 지속을 위한 대들보가 바로 신뢰의 형성이다. 신뢰는 참된 의도를 바탕으로 생각과 행동을 일치시키며 한 방향으로 가는 것을 보이는 진화된 노력이 있어야 구축될 수 있다. 앞장에서 일관된 행동의 중요성을 강조하되 변화가 아닌 진화를 역설하였다. 여기에서 변화와 진화의 차이에 대해 다시 한번 언급한다. 변화가 시대의 트렌드에 맞게 생각과 행동의 방향성을 바꾸는 것이라면 진화는 그 내면에 자신의 핵심 가치, 즉 가치관이 깊게 뿌리 내린 상태에서의 생각과 행동의 유연성을 의미하는 것이다. 삶에서의 기준과 원칙이 변하지 않는 큰 줄기라면 다양한 상황에 따른 순발력을 갖춘 유연성은 작은 가지나 이파리에 해당하는 것으로 나무의 모양을 만들고 외부와의 관계를 형성하는 도구가 된다. 마치 잎으로 광합성을 하고 산소를 뿜어내듯이 말이다.

순발력 있는 유연성을 갖추기 위해 선행되어야 할 마음 자세는 어떤 것일까? 저자는 인간의 성격 유형 가운데 그 해답을 찾고자 한다. 앞서 설명하였듯이 인간의 성격 유형은 크게 5가지로 나누어진다. 그 가운데 유독 상상력이 풍부하고 창의적이며 도전적인 성향이 있다. 학문적으로 이러한 성격 유형을 개방성이라 정의한다. 개방성은 지적 자극이나 변화, 다양성을 좋아하는 정도를 의미하고, 개방성이 높은 유형의 사람은 호기심이 많고 새로운 것에 관심을 가지며 탐구하고 지적으로 민감한 특성을 가진다. 또한, 이들은 도전 상황을 회피하지 않으며 적극적으로 문제를 탐구하고 해결하려는 의지가 강하게 나타난다.

이러한 성향은 인간관계에서도 나타나는데, 다양한 인간 성격 유형에 활짝 열린 사고로 대응하며 자신과 다름에 지적 호기심을 가지며 다양함에 대해 긍정적으로 대응하는 행동으로 나타난다. 즉, 자신과 다른 사고와 행동을 하는 타인이 틀렸다고 생각지 않고 다름을 인정하며 더 좋은 관계를 위해 이해의 폭을 넓히기도 한다. 여기에서 인간관계의 신뢰가 싹트는 것이다. 사람과 사람 사이의 개방적 마음 자세가 관계적 신뢰 증진의 도화선이 되는 것이다.

개방성이 높은 사람은 관계적 신뢰 형성에 탁월할 뿐만 아니라 사회 전반의 다양성 인식을 통해 화합하고 복합하고 융합하는 데도 적극성을 띠고 있다. 즉 더하고 나누고 곱하여 새로운 가치를 만드는 데 재미와 열정을 가지고 있다. 이러한 개방성은 자신의 가치 증대뿐만 아니라 사회 전반의 가치 증대에도 큰 기여를 하는 것으로 나타난다. 개방성이 높은 사람들은 지적 자극이나 변화를 좋아하고 즐기기 때문에 새로운 트렌드에 민감하고 빠르게 받아들이려는 실천력을 보여준다. 이러한 실천력은 곧 변화에 따른 빠른 적응력으로 나타나 새로운 성과 창출의 속도를 높이는 결과로 이어진다. 이러한 결과를 통해 신뢰를 지속적으로 높일 수 있게 되는 것이다.

그렇다면 인간의 성격 유형 중의 하나인 개방성은 타고나는 것인가? 혹은 개발 가능한 도전 과제인가? 전자가 정답이라면 인간의 가능성이란 단어 자체는 세상에 존재하지 않을 것이다. 다수의 사람이 후자에 무게중심을 두기에 세상은 노력할 만한 것이다.

개방성이란 성격 특성의 하나로서
상상력과 호기심을 바탕으로 다양성과 심미성 욕구 충족을 위해 경험을 자발적으로
선택하는 탐구적 성향이다.

세상을 바라보는 다양한 눈

내가 보는 대로 남도 볼 것이라 굳게 믿었던 시절이 있었다. 왜냐고? 당연히 같은 걸 봤으니 본 것에 대한 평가도 같다는 것이 어릴 적 내 생각의 한계였었다. 시간이 흘러 아니 철이 좀 더 들어서가 정확한 표현일 것이다. 같은 것을 봐도 그것에 대한 평가는 사람마다 다를 수 있다는 것을 깨달으면서 많은 혼란을 경험하였다. 우선 내가 생각한 것이 옳은지, 옳지 않은지 주변의 반응에 따라 은근슬쩍 내 생각을 바꾸기도 했었다. 이러한 다양한 경험이 성숙하면서 내 관점이 아닌 타인 관점에서의 세상에 대해 관대해지기 시작했다. 즉 다른 사람들에 대한 이해와 수용의 폭이 넓어진 것이다. 이러한 변화와 중심에는 더 많은 사람과 좋은 관계를 지속하고자 하는 내면의 욕구가 자리잡고 있다. 인간은 사회적 동물이다 보니 관계 속에서 더 많은 가치를 창출하고자 한다. 이런 욕구가 자연스러운 행동으로 드러나는 것이 개방적 행동이다.

그렇다면 이러한 개방적 행동을 하는 사람들의 공통점은 무엇일까?

그것은 어떠한 상황을 다양한 관점에서 관찰한다는 것이다. 즉 고정관념이나 편견 속에서 일방적인 관찰이 아닌 다양한 상황적 변수를

열린 시각으로 바라본다는 것이다. 이를 심리학에서는 세상을 보는 마음의 창인 '프레임'이라 표현한다. 세상을 보는 눈이 얼마나 다양한가에 따라 사람을 이해하는 폭도 넓어진다고 할 수 있다. 그렇다면 마음속에 어떠한 프레임을 장착해야 개방적인 성향을 높일 수 있을까?

자유로운 사고를 막는 가장 큰 감옥은 내가 확신하는 지식들이다.

- 프리드리히 니체 -

첫째, 관찰자의 눈으로 세상을 보라. 관찰자의 눈이란 3인칭 관점에서 상황을 객관적으로 보란 뜻이다. 즉 TV 드라마의 주인공도, 주변인도 아닌 제삼자의 입장에서 편견이나 왜곡 없이 있는 그대로 보고 전달하라는 것이다. 있는 그대로 표현한다는 것은 간단해 보이지만 인생을 살아온 시간만큼 쌓여온 경험의 틀이 있기에 녹록지 않은 작업이다. 이 장 서두에 소개한 엄마의 눈에 보인 장애인과 아이의 눈에 보인 노란 모자를 쓴 아저씨 이야기에서 알 수 있듯이 살아온 경험이 많을수록 편견에 휩쓸리기 쉽기도 하다. 하지만 한발 더 나아간다면 편견과 왜곡의 벽을 넘어설 수 있는 포용을 마주할 것이다.

둘째, 비평가의 눈으로 세상을 보라. 비평가의 눈이란 것은 비판적 사고를 통해 세상의 사물이나 현상을 관찰하라는 것이다. 여기에서 비판적 사고란 감정이나 권위에 굴복하지 않으며 합리적이고 논리적으로 분석하고 평가하는 능력을 말한다. 이러한 비판적 사고를 가진 사람은 단순히 결과적 지식만 얻으려 하지 않고 결과가 도출되는 과정에서의 인과관계나 증거 등을 밝혀서 판단의 근원과 신뢰를 높이는 행동을 한다. 모두가 'YES'라고 할 때 'NO'라고 할 수 있는 사람이 되라고 권고하듯 좀 더 분석하고 분류하고 분해해서 어떤 의견이든 다양한 관점에서 보라는 의미이다.

셋째, 지식인의 눈으로 세상을 보라. 지식인의 눈이란 자신이 알고 있는 지식이 불완전함을 인정하고 새로운 지식에 대한 갈망을 바탕으로 늘 정보와 지식 습득에 적극적인 사람을 의미한다. 지식인의 프레임으로 세상을 본다면 선택적 지각의 늪에서 빠져나올 수 있다. 즉 보고 싶은 것만 보는 것이 아니라 반드시 봐야 할 것이 무엇인지 깨달아 가면서 보는 것을 말한다.

다수의 인간이 자신이 좋아하는 것, 잘 아는 것, 익숙한 것 위주로 세상을 바라본다. 이것이 선택적 지각으로 나타나는데 이런 행동 습관은 어제와 같은 행동을 오늘도 똑같이 하는 결과를 초래한다. 이는 아인슈타인이 말했듯이 인간의 가장 어리석은 행동 중 하나이다. 지식인의 눈은 다양한 전문가의 관점에서 나의 주장에 겸손함을 입히고 타인의 주장에 관대함을 씌워서 다양한 해석에 대한 개방적 사고를 가지고 받아들이게 해준다. 니체의 말처럼 확신의 틀을 부수고 겸손함으로 중무장하여 새로운 지식의 뇌를 열어야 한다.

머리가 둔한 사람도 선입견이 없다면 어려운 문제를 설명할 수 있지만,
머리가 아무리 명석한 사람도 그 문제에 대해
이미 다 알고 있다고 생각한다면 문제를 명확히 설명하기 어렵다.

- 레프 톨스토이 -

Solution_개방성을 높이는 방법

개방성이란 성격 특성의 하나로서 상상력과 호기심을 바탕으로 다양성과 심미적 욕구를 충족하기 위해 경험을 자발적으로 선택하는 탐구적 성향을 의미한다. 저자가 인간의 개방적 성향을 지원하는 하위 요인을 무작위로 풀어본 결과 지적 호기심, 상상력, 탐구심, 다양성, 심미안, 모험심, 감성 지각, 고정관념 타파, 미화 등 다양한 요인으로 나타났다. 이런 요인들을 특성별로 분류했더니 개방성의 5가지 하위 요인이 도출되었다. 바로 상상력imagination, 호기심curiosity, 탐구심exploration, 다양성variety, 심미성aesthetic이다. 이 5가지 요인의 첫 머리글을 따서 저자는 ICEVA로 명명하였다. 즉 개방적 성향을 높이기 위해서는 위의 5가지 – ICEVA – 를 높이기 위한 실천전략이 필요하다는 것이다. 그렇다면 요인별 실천방법에 대해 살펴볼 필요가 있다.

첫째, 상상력을 높이는 실천방법으로 그려보기를 제안한다. 상상한 것은 직접 보일 때 더욱 명확해진다. 스케치하듯 밑그림을 그려보면 막연했던 것들이 서서히 자리 잡히면서 구체적으로 묘사된다. 막연히 머릿속으로 상상만 하지 말고 펜을 들어 그리든지 쓰든지 낙서하듯 휘갈기다 보면 상상력에 상상력을 더하는 체험을 하게 될 것이다. 마이크로소프트의 창업자인 빌 게이츠는 1994년 3천만 달러를 주고 레오나르도 다빈치의 노트를 구매해 지금까지 소장하고 있다. 이 노트는 '종이에 기록된 것 중에 인간의 가장 놀라운 상상력의 증거'로 불린다. 아마 빌 게이츠는 변화무쌍한 시대에 필요한 상상력을 이 노트를 통해 얻고자 한 것 같다.

둘째, 호기심을 높이는 실천방법으로 찔러보기를 제안한다. 어린 시절 벌레를 직접 만지지는 못해 긴 막대로 찔러본 경험이 대부분 있을 것이다. 간접 접촉을 통해 위험은 줄이고 호기심은 채울 심산으로 한 행동이다. 호기심이란 것은 불확실성과 불안정성을 포함하고 있기에 선뜻 도전하기는 어려울 수 있다. 이때 간접 경험을 통해 호기심을 충족하기 위해서는 다양한 도구를 이용해 불명확성을 해소할 방법을 모색해야 한다. 이러한 호기심을 가지는 것은 개방성을 키우기 위한 중요한 성향이다. 단 못 먹는 감 찔러본다는 못된 심성은 아니어야 할 것이다.

셋째, 탐구심을 높이는 실천방법으로 열어보기를 제안한다. 위의 찔러보기보다 더 적극적인 행동으로 나타난 것이 열어보기이다. 문을 열기 전에 노크하는 것이 찔러보기라면, 탐구심은 과감한 접촉으로 직접적 행동을 보이는 것을 말한다. 낯설고 두렵고 불분명한 것에 직접 도전하는 태도라고 볼 수 있다. 탐험심이 강한 사람들은 새로운 것을 발견하거나, 없던 것을 만들거나, 있던 것을 바꾸는 일을 어려워하지 않는다. 문이 있으면 두려움 없이 선뜻 문고리를 잡아 비틀어 열어보고 시작하는 것이다. 개방적 사고는 탐험적인 실천 성향에서 나타난다.

넷째, 다양성을 높이는 방법으로 많이보기를 제안한다. 개방적 성향은 다양한 선호 경향을 나타낸다. 즉, 좋고 싫음이 분명하기보다는 이것은 이래서 좋고 저것은 저래서 좋다는 식의 표현을 자주 한다. 특별한 선호를 가진 이들은 다른 것에 배타적인 태도를 보이기 쉽다. 반면 다양한 선호를 가진 이는 다양성 안에서 새로운 가치를 추구하고자 한다. 즉 틀림이 아닌 다름을 인정하고 더 나아가 다름을 존중하는 경향으로 나타나는 것이다. 그러기 위해서는 다양한 선호에 열려 있어야 하고 이들을 이해하고 존중해야 한다.

마지막으로 심미성을 높이는 실천전략으로 느껴보기를 제안한다. 심미성이란 아름다움을 식별할 수 있는 능력을 말한다. 이러한 능력은 아름다움을 추구하고 아름다움을 창조하는 능력으로 이어진다. 개방적 성향이 강한 이들은 아름다움에 대한 욕망과 추구하고자 하는 열망이 강하다. 단, 아름다움에 대한 주관적 편견은 존재할 수 있지만, 개인이 추구하는 미적인 삶을 위해 다양한 것을 느껴보는 것에 진심을 다한다.

이렇듯 개방적 성향은 풍부한 상상력, 왕성한 호기심, 끈질긴 탐구심, 변화무쌍한 다양성, 미학적 심미성에 의해 나타난다. 그렇다면 개방적 성향을 가진 사람들의 특징은 무엇일까? 즉 ICEVA를 가진 사람들이 결과적으로 무엇을 쟁취하는지 명확히 알아둘 필요가 있다. 이는 궁극적으로 신뢰를 형성하기 위해 개방적 성향을 가지는 것이고 이로 인해 얻을 수 있는 결과물에 관한 것이기에 중요하다. 개방적 성향은 진보적이고 창의적이며 혁신적이고 개혁적 포용력으로 나타난다.

이 시대의 휴먼브랜드가 가져야 할 중요한 덕목들이 개방적 성향에 의해 나타날 수 있는 것들이다.

• 잠깐 • 삼천포

어느 분야에서 성공한 사람들에게서 자주 나타나는 현상 중에 확증편향 현상이 있다. 이는 보고 싶은 것만 보고 믿고 싶은 것만 믿는 편견을 말한다. 자신의 성공 방정식에 대한 확신은 다른 삶으로도 전이되어 자신의 방식에 대한 철저한 옹호와 다른 의견에 대한 철저한 배척으로 나타난다. 이러한 현상은 성공 시에는 더 높은 자존감으로 표출되고, 실패 시에는 자기합리화나 변명으로 묵인되는 경우가 많다. 확증 편향적 태도를 긍정적으로 바꾸기 위해서는 개방적 태도와의 적절한 융합이 필요하다.

05

리스크 관리

- 공든 탑이 무너지는 것은 한순간이다 -

몇 년 전 한 개그맨이 자신이 음주운전을 했다며 경찰서에 가서 자수한 일이 있었다. 그는 술을 마시고 30km가량을 운전한 뒤 양심의 가책을 느껴 스스로 반성하고 자수를 하면서 합당한 처벌을 요구하였다. 경찰 관계자는 이런 일은 매우 이례적이며 처음 보는 행위였다고 말했다. 이후 이 개그맨은 합당한 처벌 수위의 벌금을 내고 용서를 받아, 현재까지 자수의 아이콘, 자수 성애자로 불리면서 여전히 사랑받고 있다. 많은 유명인이 음주운전으로 사회적 비난과 긴 자숙 기간을 치러온 것에 비해 매우 우호적인 결과라 할 수 있다.

그는 모 예능프로그램에서 음주운전 벌금은 원래 300만 원인데 자수를 해서인지 DC를 받아 200만 원을 냈다고 말했다. 그때 함께한 모든 이들이 박장대소했다.

잘못을 은폐하는 행위는 가중처벌이지만

잘못을 먼저 시인하고 용서를 구하는 행위는 선처 대상이다.

100-1은 99가 아니라 0이다

수리적으로 100−1은 99이지만 사회적으로 100−1은 0이 될 때가 허다하다. 인간관계에서 신뢰 하나가 무너지면 모든 관계가 다 무너지는 것이 이에 해당한다. 신뢰를 형성하고 지속하기 위해서 마음의 토양인 진정성을 바탕으로 성실이란 뿌리에서 일관성이란 줄기를 거쳐 개방성이란 잎사귀에 이르는 긴 여정의 신뢰 형성이 단 하나의 행위나 태도에 의해 무산될 수도 있다.

세상의 많은 것들이 쌓기는 힘들어도 한 번에 무너뜨리기는 쉽다. 그래서 신뢰 형성에서 리스크 관리가 무엇보다 중요하다. 그렇다면 신뢰 형성을 방해하는 위기 요인에는 어떤 것이 있을까? 돌다리도 두드리는 심정으로 하나하나 살펴볼 필요가 있다.

위기의 3가지 유형

위기의 유형은 크게 3가지로 구분된다. 이미 발생한 사건으로 초래된 위기, 발생 가능한 사건으로 긴장감이 감도는 위기, 예측하기 어려운 사건으로 갑작스럽게 찾아오는 위기로 나뉜다. 이들 위기 유형의 특징과 대처법은 상황에 따라 크게 달라진다. 한 개인의 인생을 넘어 개인이 속한 공동체의 위기로까지 확대될 수 있는 위기에 관한 구체적 대응 방법은 매우 중요하다.

우선 위기의 3가지 유형에 대해 살펴보자.

첫째, 이미 발생한 사건에 관한 것으로 Crisis 유형이라 한다. 개인의 Crisis 유형은 다양하게 치명적 손상을 입힌다. 예를 들어 건강 관련 위기, 사회 도덕적 문제, 위법 행위, 구설수, 비윤리적 행위 등이 여기에 속한다. 이미 발생한 문제에 대해서는 최대한 빠른 수습이 관건이다. 그리고 위기 전 상황으로 최대한 빠른 복구를 위해 노력해야 한다. 즉 수습과 복구, 그리고 재발 방지에 이르기까지 최대한 빠르게 진행해야 한다. 구체적 방법은 뒤에 보다 상세히 언급할 것이다.

둘째, 발생 가능한 사건에 관한 것으로 Risk 유형이라 한다. 개인의 Risk 유형은 예측 가능한 범위에서 발생할 수 있는 위험의 유형을 의미하는 것으로, Crisis 유형의 발생 전 단계에서 충분히 감지할 수 있는 형태의 위기이다. 이는 대부분 의도적으로 나타나기 때문에 명백한 대처 방법이 존재한다. 바로 예방prevention이다. 미리 발생할 수 있는 위기의 유형을 면밀히 검토해서 발생 전에 최소화하거나 소멸시켜야 한다.

셋째, 예측하기 어려운 사건에 관한 것으로 Uncertainty 유형이라 한다. 개인의 Uncertainty 유형은 예고 없이 찾아오는 위험요인이기에 평소에 대처법을 마련하기란 쉽지 않다. 그렇기에 이러한 유형의 위기가 발생하면 우왕좌왕하기 마련이다. 2019년 코로나의 등장으로 인한 팬데믹 사태나 천재지변으로 인한 피해, 또는 전쟁으로 인한 생존권의 위협 등이 그 예이다. 이런 위기 유형은 처음부터 해법이 존재하는 것이 아니라 그 경험을 통해 해법을 축적해 나가야 한다. 즉, 처음 경험한 사건을 통해 차후에 재발할 수 있는 여지를 줄이고, 재발 시 최대한 피해를 줄이는 방법으로 복원할 수 있는 경험을 축적하는 방향으로 가야 한다.

신뢰를 형성하고 유지하기 위해서는 무엇보다 신뢰를 하루아침에 무너뜨릴 수 있는 위기로부터 멀어져야 한다. 이 장에서는 위기의 여러 유형 가운데 Risk 관리에 대해 중점적으로 다룰 것이다. 리스크를 최소화할 방법만이 신뢰를 형성하고 유지할 수 있는 길이다. 왜냐하면 앞서 언급했듯이 100−1=0을 가능하게 하는 것이 인간관계의 신뢰이기 때문이다.

국가통합위기관리체계인 IEMS는 정부 정책 차원에서 예방, 준비, 대응, 회복의 프로세스를 통한 구체적 방법 6단계를 제시하고 있다. 이 방법은 적용 범위를 확대해서 개인의 위기 관리에도 적용할 수 있다. 위기에 대응하는 프로세스는 상황에 따라 다를 수도 있지만 큰 맥락은 유사한 경우가 많기 때문이다. 구체적으로 6단계로 나누어 살펴보자.

첫 번째는 위험요인에 대한 분석 단계이다. 위험의 종류는 어떤 것들이 있는지, 가능성은 얼마나 되는지, 예측되는 강도와 빈도는 어느 정도인지, 위험 발생 시 우선순위는 어떻게 판단할 것인지에 대한 다각적 검토가 필요하다. 이 단계는 위기 예방이란 차원에서 요인분석을 하는 단계로 다각적이고 전문적이며 세밀한 분석이 필요한 단계이다.

둘째는 위기대응능력에 대한 평가 단계이다. 위기 시에 활용할 수 있는 자원에 대한 평가로서 조직, 운영계획, 자원관리, 지시와 통제의 범위, 통신, 보호조치, 응급지원, 보고체계, 훈련과 교육, 연습 등이 포함된다.

셋째는 위기 계획 단계이다. 위험 요인에 대한 분석과 대응 능력에 대한 평가를 통해 자원과 능력을 효율화하여 효과적 위기관리를 위한 통합 계획을 수립하는 단계이다.

넷째는 위기 대응 능력 유지 단계이다. 위기는 예고 없이 찾아오는 경우가 다반사이기에 돌발적 상황에 철저한 준비가 필요하다. 개발된 계획을 유지하고 발전시키기 위해 점검과 훈련이 필요하다.

다섯째는 위기 대응 단계이다. 발생한 위기상황에서 계획에 따른 실천을 통해 적응력을 강화하고 빠르게 평가를 통해 다음 단계를 준비해야 한다.

마지막 여섯 번째는 복구 단계이다. 위기 발생 이전으로 회복시켜 정상화를 도모하는 단계로, 위기 대응 단계에서 내린 평가에 신속한 복구와 재발 위험도 감소를 위한 노력을 수반한다.

IEMS는 위험요인분석에서 복구에 이르기까지 순차적인 관계로 구성되어 있다. 위기대응 단계에서 강화된 적응력으로 평가된 부분은 위기 계획 단계에 경험으로 체득된 노하우를 반영하여 위기관리시스템의 역량을 지속적으로 강화한다. 궁극적으로 IEMS는 예방prevention을 위한 노력으로 귀결된다(McLoughlin 1985; Petak 1985).

IEMS의 위기관리시스템은 개인의 위기관리와 같은 맥락을 취한다. 개인의 위기도 예방, 준비, 대응, 회복의 절차를 가지는 것이 가장 바람직하다. 하지만 휴먼브랜드의 위기관리와 국가 위기관리의 가장 큰 차이점은 휴먼브랜드의 위기는 발생 자체가 한 개인에게 치명적 결과를 초래하는 경우가 많기 때문에 회복의 단계로 발전하기가 어렵다는 것이다. 휴먼브랜드는 인지도와 선호도를 바탕으로 막강한 영향력을 가지는 유명인이기에 한 번의 위기가 신뢰를 파괴해 회복 불능의 단계로 가는 경우가 많다. 앞서 언급한 100-1=0이 되는 이론이 여기에 속한다.

따라서 휴먼브랜드의 위기관리는 대응의 단계보다는 예방prevention의 단계가 무엇보다 더 중요하다.

통합위기관리시스템 구축

IEMS: Integrated Emergency Management System

① 위험요인 분석 : 위험의 종류, 가능성, 강도, 빈도, 우선순위에 대한 분석

② 대응 능력 평가 : 위기 시에 활용할 수 있는 자원의 평가

③ 위기 계획 : 자원과 능력을 효율화하여 효과적 위기관리를 위한 통합계획수립

④ 대응 능력 유지 : 개발된 계획의 유지, 발전을 위한 점검과 훈련이 필요

⑤ 위기 대응 : 위기 상황에서 계획에 따른 실천을 통해 적응력 강화와 평가

⑥ 복구 및 재발 방지 : 위기 발생 이전 상태로 회복시켜 정상화 도모

못 하나가 없어서 말편자가 망가졌다네.

말편자가 없어서 말이 다쳤다네.

말이 다쳐서 기사가 부상당했다네.

기사가 부상당해 전투에서 졌다네.

전투에서 져서 나라가 망했다네.

- 15세기 영국 민요 -

Solution_ 돌다리는 어떻게 건너야 할까?

위의 질문에 대한 대답은 당연히 '두드려 보고'라고 할 것이다. 그런데 과연 두드리는 것만으로 될까?

아무리 단단한 돌다리라도 사방에 위기 상황이 구석구석 존재할 수 있기 때문에 항상 준비하고 조심하고 신중하란 의미이다. 앞서 위기의 세 가지 유형에 대해 언급하였다. 그 가운데 휴먼브랜드에서는 Risk 관리가 가장 중요하다. 위기 상황이 일어나기 전에 사전 예방하는 것이 가장 현명하기 때문이다.

휴먼브랜드는 대중에게 많은 관심과 사랑을 받는 사람이다. 그래서 많은 혜택을 누리기도 하지만, 지나친 관심으로 인한 책임과 사명감도 남다르다. 일반인에게는 아무 일도 아닌 것을 휴먼브랜드가 하면 이슈가 되고 구설수에 오르는 일이 빈번하다. 그래서 일거수일투족을 좀 더 신중하게 할 필요가 있다. 그것이 영향력의 무게이다. 왕관의 무게를 견디는 자만이 왕관을 쓸 자격이 있듯이, 권한에 따른 책임은 반드시 따르게 되어 있다.

앞서 100−1=0의 법칙이 휴먼브랜드에 그대로 적용된다. 높은 기대치는 높은 실망으로 연결되기가 쉽다. 만족이란 기대와 반비례하기 때문에 항상 높은 기대치에 있는 휴먼브랜드는 작은 실수 하나도 이미지에 치명적인 손상을 입을 수도 있다. 심지어 일반인에게는 너무도 당연히 허용되는 것이 휴먼브랜드라는 이유만으로 허용되지 않을 때도 많다. 상대를 판단하는 잣대가 더욱 엄격해지기 때문이다. 그러므로 휴먼브랜드의 영향력을 강화하기 위해서는 무엇보다 위기 상황에 직면하기 전의 예방 단계가 중요한 것이다.

그렇다면 위기 상황 전에 예방하기 위해서는 어떻게 해야 할까?

가장 먼저 상황별 위기 요인을 분석해야 한다. 곳곳에 도사리는 지뢰를 잘 피하기 위해서는 탐지기를 이용해 터질 위험이 있는 지뢰를 찾아내고 미리 캐내야 한다. 위기 요인을 효율적으로 찾기 위해서는 카테고리별로 분류해서 체계적으로 나누어 봐야 한다. 여기에 가장 적절한 도구가 휴먼브랜드 특성 척도이다. 앞서 소개한 휴먼브랜드 특성을 6가지로 나누어 예측되는 다양한 위기 유형을 구분하고 문제가 발생할 여지가 있는 것들은 미리 조처해야 한다. 여기에서 중요한 것은 위기 유형의 경중에 따라 다르게 행동해야 한다는 것이다. 위기의 경중을 따지기 위해서는 개인의 전문분야와 연관성을 고려하여 관여도에 따라 판단해야 한다. 예를 들어 논문표절과 관련된 위기 상황일 경우 대상자가 대학교수거나 공직에 있는 사람이라면 관여도가 매우 높을 것이고, 상대적으로 사업가나 스포츠 스타 혹은 연예인이라면 관여도가 낮을 것이다. 관여도는 전문성에 따라 치명적 위기가 될 수가 있다.

개인의 전문성에 따라 위기 유형을 휴먼브랜드 특성별로 분류해서 요인을 분석하고 거기에 따른 세부적 예방 플랜을 준비하는 것이 가장 현명한 방법이다.

앞서 언급한 개그맨의 음주운전 자수 이야기로 돌아가 보자. 공인으로서 인기와 혜택을 누리는 입장에서 음주운전이란 범법 행위는 용서받기 힘든 상황이다. 하지만 그의 '자수'라는 나소 엉뚱한 행위는 대중의 동정을 유발했고 선처의 대상이 되었던 것이다. 일이 벌어지고 수습하려면 100의 노력이 필요하지만, 벌어지기 전에 수습하면 10의 노력으로도 수습 가능하다.

나의 행적과 관련된 것이라면 선불리 돌다리를 쌓는 것이 아니라 처음부터 튼튼한 다리를 만드는 것이 우선이다.

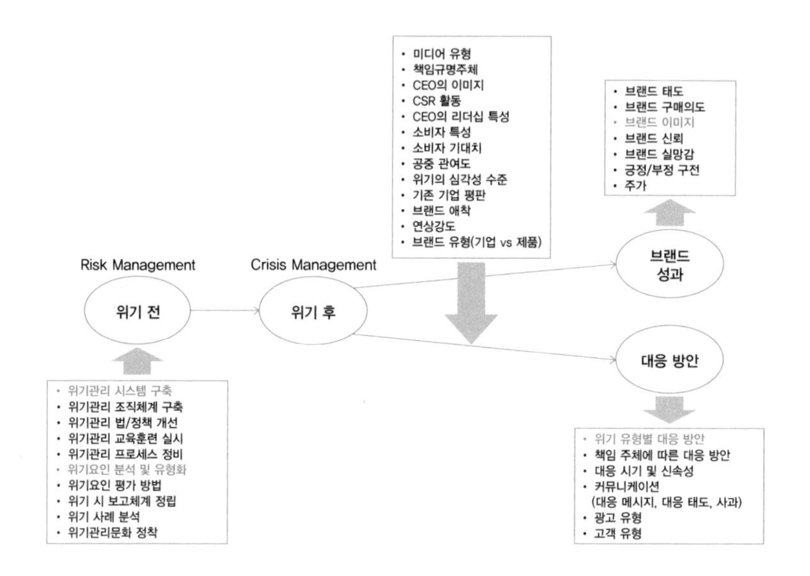

단계별 위기 상황에 따른 위기 유형별 분류

위의 그림은 저자가 기업 또는 브랜드 위기 유형과 관련된 수십 편의 국내외 논문들을 종합적으로 연구하여 위기 상황에 따른 위기 유형을 다각적으로 분류한 내용이다. 우선 위기 전에 리스크 관리에서는 위기관리 시스템 구축이 가장 중요도가 높게 나타났고 그다음으로 위기요인 분석 및 유형화가 중요하게 나타났다. 다음으로 위기관리 조직체계 구축과 교육 훈련 및 위기관리 문화 정착이 중요하게 나타났다.

위기 후 관리는 대응방안과 기업/브랜드 성과로 나누어서 살펴보았다. 대응방안에서는 위기 유형별 대응방안이 가장 중요한 요소였고 다음으로 책임 주체나 대응 시기, 커뮤니케이션 방법 등이 중요하게 나타났다. 기업/브랜드 성과에서는 브랜드 신뢰, 이미지, 구매 태도와 관련된 부분이 중요하게 나타났다.

위기 이후 대응방안에 영향을 미치는 다양한 조절요인도 중요하게 다루어졌다. 브랜드에 대한 애착이나 소비자 기대치가 중요한 변수로 나타났다.

앞의 그림은 위기의 전/후 상황에 따라 언제 수면으로 올라와 폭발할지 모르는 다양한 지뢰들을 나열한 것이다. 미리 어떤 지뢰가 어디에 있는지 점검해 보고 예방할 수 있을 때 신뢰도 굳건히 지켜지리라 본다.

군자는 태평할 때에도 위기를 잊지 않고,
순탄할 때에도 멸망을 잊지 않으며,
잘 다스려지고 있을 때에도 혼란을 잊지 않는다.
이렇게 함으로써 내 몸을 보전할 수 있고,
가정과 나라를 보전할 수 있다.
- 주역 계사전 -

• 잠깐 • 삼천포

구더기 무서워 장 못 담글까?

분명 구더기는 징그럽고 몹시 언짢다. 그렇다고 생긴 구더기를 방치하면 결국 단지 전체를 버리게 된다. 면밀히 살펴보면 초기에 확산을 막을 수도 있고, 아예 생기지도 못하게 할 수 있다. 인생의 구더기란 몹시 언짢은 방해꾼을 방치하면 치명적 위기가 된다. 미리미리 걷어내고 오래도록 숙성시켜 고유의 깊은 장맛을 낼 때 진정한 신뢰가 만들어질 것이다.

06

신뢰 관리

- 보이는 신뢰를 만들어라 -

인간관계에서 가장 먼저 전제가 되어야 할 것이 신뢰의 형성이다. 기본 중의 기본인 신뢰가 전제되지 않는다면 더 많은 시간과 에너지와 비용을 지불해야 얻고자 하는 것을 얻을 수 있다. 그만큼 신뢰가 돈독할 경우엔 보다 더 빠르고 쉽게 원하는 관계를 지속할 수 있다. 이처럼 중요한 신뢰는 만들어지기도 쉽지 않고 지속하는 것에도 많은 노력이 필요하다. 많은 사람이 신뢰가 없음에도 필요나 상황에 의해 관계를 지속하는 경우가 허다하다. 이런 관계는 늘 우선순위에 의해 좌우된다. 나도 모르는 사이에 밀려나기도 하고 선택되기도 한다.

강력한 신뢰는 늘 최고의 우선순위에 놓인다. 심지어 빠르고 당연하게 망설임 없이 선택된다. 이것이 신뢰가 주는 속도이고 영향력이다.

휴먼브랜드의 영향력을 강화하기 위해서 가장 먼저 전제되는 것이 신뢰 형성인 이유가 여기에 있다. 신뢰는 만들어가는 것이라기보다는 쌓아가는 것이다. 축적으로 형성되는 것이 신뢰이지 조작으로 만들어 가는 것이 아니란 뜻이다. 신뢰의 축적을 위해서는 하나의 작은 씨앗이 큰 나무가 되는 성장의 길을 경험해야 한다. 신뢰의 토양인 진정성에서 신뢰의 뿌리인 성실성을 바탕으로 신뢰의 줄기인 일관성을 유지하면서 신뢰의 잎인 개방적 사고와 태도를 가지고 언제 있을지 모를 리스크를 관리하면서 지속적으로 노력해야 쌓이는 것이 신뢰이다.

휴먼브랜드로 거듭나기 위한 기나긴 여정에 늘 함께 지속되어야 할 신뢰의 유지를 위해 앞에 언급한 6가지의 요인들을 잘 이해하고 수행해야 할 것이다.

신뢰 관리 체크리스트 20 항목

1	신뢰성 질문지 Reliability Questionnaire		전혀 아니다 1점	아니다 2점	보통 이다 3점	그렇다 4점	매우 그렇다 5점
1	진정성	귀하는 어떤 행동이나 결정에 앞서 참된 의도를 품고 시작하는가?					
2		귀하는 일상생활에서 자기 스스로에게 진실되게 표현하는가?					
3		귀하는 현실적 자아와 남에게 비춰지는 사회적 자아가 일치하게 행동하는가?					
4		귀하는 상황에 따라 자신의 본 모습을 숨기고 거짓된 행동을 하지 않는가?					
5	성실성	귀하는 맡은 바 임무를 차질없이 수행하기 위해 책임감 있게 행동하는가?					
6		귀하는 사회적 규범이나 규칙을 지키면서 정직하게 행동하는가?					
7		귀하는 시간을 준수하고 약속을 이행하기 위해 정성스럽게 노력하는가?					
8		귀하는 목표를 설정하고 체계적 계획을 세워 언행이 일치되게 행동하는가?					
9	일관성	귀하는 자신의 가치관에 따라 굽힘 없이 한결같이 행동하는가?					
10		귀하는 타인으로부터 늘 한결같은 인성을 가졌다는 평가를 듣는가?					
11		귀하는 개인적 상황이나 기분에 따라 태도나 행동이 다르지 않는가?					
12	개방성	귀하는 자신의 생각과 다른 생각도 존중할 수 있는가?					
13		귀하는 새로운 기술이나 지식을 습득하기 위해 지속적으로 노력하는가?					
14		귀하는 변화를 수용하여 꾸준히 새로운 것들을 받아들이기 위해 노력하는가?					
15	리스크M	귀하는 주변에 존재하는 위험 요인에 대해 다각적으로 지각하는가?					
16		귀하는 위험 요인을 인식하여 미리 예방하기 위한 노력을 하는가?					
17		귀하는 위험이 예견되는 상황에서 손실을 최소화하기 위한 전략을 세우는가?					
18	신뢰M	귀하는 신뢰의 중요성 및 지속적 신뢰 관리의 필요성을 인식하는가?					
19		귀하는 한번 무너진 신뢰가 다시 구축되는 것이 어렵다는 것을 아는가?					
20		귀하는 타인과의 관계에서 꾸준한 신뢰적 관계를 유지하기 위해 노력하는가?					

create your own
BRAND

신뢰성	**전문성**	리더십	매력성	독특성	친밀성
진정성 성실성 일관성 개방성 리스크 관리 신뢰 관리	**쾌통철학** **열정** **성과 창출** **역량 강화** **통찰** **전문 관리**	리더십 피라미드 카리스마 동기부여 지적 자극 개별적 배려 리더십 관리	매력 지수 나이 관리 페이스 관리 보이스 관리 패션 관리 매력 관리	아이덴티티 자존감 경험 히스토리텔링 리포지셔닝 경쟁우위	관점 획득 자기 개방 소통 유머 인맥 관리 애착 관리

PART 3

끝없는 진화/Professionalism

전문가로 거듭나라

휴먼브랜드 – 대중에게 높은 인지도와 선호도 덕에 막강한 영향력을 행사할 수 있는 유명인들의 공통점은 무엇일까?
앞서 휴먼브랜드의 존재 전제가 신뢰라면 휴먼브랜드의 자격 중 가장 선행되어야 할 부분은 전문성이다. 연예인, 스포츠 스타, 정치인, 기업가, 학자, 예술가 등 자신의 분야에서 대중의 생각을 주도하고 행동을 변화시킬 능력이 있는 사람들의 공통점은 자신의 분야에서 누구나 인정하는 전문가라는 것이다. 자신의 전문 분야에서 독보적인 역량을 갖춘 사람만이 그 분야에서 전문가로 인정받고 자신이 속한 영역의 가치를 더욱 높일 수 있는 능력을 갖추는 것이다.
전문성을 높인다는 것은 인간으로서 점점 더 나아지고 있음을 의미한다. 어제의 내가 조금은 부끄럽게 느껴진다면 오늘의 내가 더욱 노력해야 할 동기로 작용한다.

인간은 끝없이 진화할 수 있도록 꾸준히 전문적 역량을 강화해야 한다. 본 장에서는 휴먼브랜드 성장의 디딤돌, 전문성을 유지하고 강화하는 방법에 대해 살펴보고자 한다.

07

쾌통 철학

- 고통 앞에서 담대해져라 -

가시의 고통을 느낄 수 없는 자와 가시의 고통을 느끼는 자.

이 둘의 차이는 대응 방법에서 확연히 드러날 것이다.

전자의 경우는 가시를 내버려 둘 확률이 높고, 후자의 경우는 어떠한 방법을 사용해서라도 가시를 제거해서 고통에서 벗어나려고 노력할 것이다. 이런 대응 방법의 차이는 어마어마한 결과의 차이를 만들어낸다. 고통을 감내하며 가시를 제거하면 특별한 변화 없이 생활해 나가겠지만, 가시를 방치하면 세균 감염으로 인해 손가락을 절단해야 할 수도 있다.

암이 무서운 질병이라 여겨지는 이유는 고통 없이 스며들어 신체를 완전히 제압하고 난 후에 엄청난 고통을 주기 때문이다.

어찌 보면 사소한 고통은 더 큰 고통을 막아주는 예방주사와도 같다고 할 수 있다. 수사의 날카로운 고통을 견디면 질병의 고통을 줄일 수 있듯이 말이다.

이렇듯 고통의 긍정적인 면은 더 큰 고통을 줄여주는 단초, 즉 실마리 역할을 한다는 것이다.

그대의 운명이 평탄하기를 바라지 말고
가혹할 것을 바라라.

초인은 고난을 견디는 것에 그치지 않고
고난을 사랑하는 사람이며,
얼마든지 다시 찾아올 것을 촉구하는 사람이다.

고통을 피하는 것이 아니라
오히려 찾아다니고,
그것과의 대결을 통해 자신을 강화시킨다.

- 프리드리히 니체 -

어느 한 분야에서 전문가로 인정받으려면 뼈를 깎는 노력이 있어야 한다고 얘기한다. 하고많은 표현 중에 뼈를 깎는다는 말을 쓴 이유는 무엇일까? 그건 아마도 노력의 과정이 꽤 고통스럽기 때문일 것이다. 전문가가 되기 위한 첫 단추는 많은 시간과 노력과 가치를 투자하면서, 반드시 수반되는 고통을 의연히 대처하는 것에서 출발한다. 전문가의 자질은 노력만 한다고 주어지는 것이 아니다. 피겨여왕 김연아, 발레리나 강수진, 축구탱크 박지성의 발에서 찾을 수 있는 공통점은 고통으로 다져진 두꺼운 굳은살이다.

인간은 누구나 행복을 추구하고 불행의 산물인 고통을 회피하려 든다. 하지만 고통의 회피가 더 큰 불행으로 다가올 수 있다는 것을 알게 된다면 고통 앞에서 취해야 하는 태도는 달라질 것이다. 전문가가 되기 위한 여정에서 반드시 취해야 할 마음의 자세, 고통에 겁먹지 말고 든든한 배짱으로 이겨내는 자세.

고통 앞에서 담대해져라.

쾌통 철학

인간은 고통 앞에서 나약해지는 존재이다. 무슨 수를 써서라도 고통을 줄이거나 피하고 싶어 한다. 여기에는 인간의 생존 욕구가 내재해 있기 때문이다. 메슬로우의 욕구의 계층구조를 보면 인간 욕구의 1단계는 생리적 욕구, 2단계는 안전의 욕구이다. 욕구의 하위 계층은 궁극적으로 생존과 직결되는 문제이다. 인간은 의식적이든 무의식적이든 생존에 대한 강한 집착을 가지고 있으며 생존을 위협하는 요인에 대해서는 최대한 멀리 달아나려는 경향이 강하다. 인간이 고통을 피하고 싶어 하는 이유는 여기에서 찾을 수 있다. 고통은 생존을 위협하는 신호탄이기 때문이다.

배가 고픈 고통, 추운 고통, 목마른 고통, 잠잘 수 없는 고통 등의 생리적 욕구가 충족되지 않았을 때 느껴지는 고통은 나약한 인간에게는 죽음을 연상시키기에 충분하다. 그래서인지 습관적으로 '죽겠다' 소리를 달고 사는 것일 수도 있다. 배고파 죽겠고, 추워 죽겠고, 잠이 와 죽겠고, 심지어는 배불러 죽겠기도 하다. 여기에서 '죽겠다'란 의미는 '죽음을 예방하고 극복해야겠다'는 의지의 왜곡된 표현일 것이다. 이렇듯 생존이란 절박한 상황 앞에 놓여 있는 인간에게서 고통이란 피하고 싶은 존재인 듯한데, 그렇다면 고통은 인간에게 무조건 해로운 존재인가?

고통의 두 얼굴

고통의 영역은 육체적 고통과 정신적 고통으로 구분된다. 앞서 설명한 메슬로우의 욕구의 계층구조 가운데 3단계는 사회적 욕구, 4단계는 존경의 욕구, 5단계는 자아실현의 욕구이다. 앞서 하위 계층의 욕구가 충족되지 못했을 때 수반되는 고통이 육체적 고통에 가깝다면, 상위 계층의 욕구가 충족되지 못했을 때 수반되는 고통은 정신적 고통에 가깝다고 할 수 있다. 그렇다면 육체적 고통과 정신적 고통 모두가 인간에게 불필요한 존재인가?

당신 손가락 끝에 가시가 하나 깊숙이 박혔다고 예상해 보자. 분명 죽을 만큼은 아니지만 아주 불쾌한 고통이 수반될 것이다. 이런 상항에서 만약 당신이 고통을 느낄 수 없다면 과연 행복할까?

앞서 가시의 고통을 느낄 수 있는 사람과 느낄 수 없는 사람의 차이는 대응 방법이 다르다고 말했다. 작은 통증은 위험의 신호탄이고 더 큰 위기를 예방시켜 주는 중요한 시그널이다. 이 신호를 무시한다면 더 큰 고통에 직면하게 될 것이다.

주변을 살펴보면 의도적으로 고통을 느끼려 하는 사람을 종종 볼 수 있다. 매운 음식을 먹어 혀가 타들어 가는 고통을 느끼는 사람, 달리고 또 달려 심장이 터질 것 같은 고통을 느끼는 사람, 무거운 역기를 들어 근육이 끊어질 것 같은 고통을 느끼는 사람, 살에다가 바늘을 수십만 번을 찔러가며 문신을 새기는 사람 등 스스로 자처해서 고통을 만들고 기꺼이 감수까지 한다. 이들의 공통점은 무엇일까? 그것은 고통이 주는 보상의 매력을 즐긴다는 것이다. 매운 음식의 고통은, 물론 일부의 이야기지만 스트레스 해소란 매력적인 보상을 안겨준다. 심장이 터질 듯한 고통은 완주의 기쁨을 선사하고, 수만 번 찌르는 바늘침의 고통은 아름다운 신체 부위를 만들어 준다. 무거운 역기를 들며 땀을 뻘뻘 흘리며 고통에 찬 신음을 내 본 사람들은 차지게 단련된 근육을 통해 만족감을 느끼게 된다. 근력운동을 하면 근육들이 미세하게 찢어지게 되고 이 과정에서 고통이 뒤따르지만, 회복되는 과정에서 더 크고 단단한 근육으로 변하기 때문이다. 고통 이후의 달콤함이 고통의 크기보다 더 크기 때문에 사람들은 고통을 선택하는 것이다. 이렇듯 고통의 또 다른 긍정적인 면은 고통이 주는 선물이 달콤하며 매력적이란 사실이다.

시험 준비를 위해 밤새워 공부한 경험이 있는가? 중요한 프레젠테이션을 앞두고 몇 날 며칠을 고민하고 준비한 경험이 있는가? 풀리지 않는 문제를 해결하려고 오랜 시간 골머리를 앓아 본 적이 있는가? 조금이라도 더 발전하기 위한 발버둥은 인간에게 극심한 심리적 고통을 준다. 익숙하지 않은 일에 대한 도전, 새로운 기술 습득, 낯선 환경에의 적응, 버거운 도전 과제 등과 같이 일상적인 노력으로 해결되지 않는 어려운 숙제들이 있다. 이것들은 단기적인 것일 수도 있고 아주 장기적인 시간을 요구할 수도 있다. 이런 버거운 과제를 수행하는 데는 신체적 고통을 넘어선 정신적 압박이나 스트레스가 뒤

따른다. 물론 정신적 스트레스가 인간을 힘들게 하는 것은 사실이지만, 힘든 시간을 이겨냄으로써 인간은 몸 안에 새로운 무기를 장착하게 된다. 더 강하고, 더 세련되며, 더 유용한 무기로 자신을 업그레이드시키는 것이다.

곤충학자 파브르는 어릴 적 고치를 뚫고 나오는 나비가 너무 힘들어하는 것 같아 가위로 고치를 잘라 편하게 나오게 해주었다. 그런데 그 나비는 나온 지 얼마 되지 않아 비실비실 죽어 버렸다. 알고 보니 나비는 고치를 뚫고 나오는 시간 내내 고통을 극복하면서 날 수 있는 힘을 기르고 세상에 적응하는 법을 배운 것이었다. 고통을 줄여주는 것이 결국은 독이 되어버린 셈이다.

어릴 적 성장통을 앓아본 경험이 있을 것이다. 성장통은 근육의 성장이 뼈의 성장 속도에 비해 느리게 진행되기 때문에 근육이 땅겨서 느껴지는 통증이다. 신체적 성장통이 있듯이 정신적인 성장통도 있다. 자신의 역량보다 한 수 위의 과제를 받으면 근육이 땅기듯 뇌가 땅기게 되고 신체적 성장통과 같이 정신적 고통을 느끼게 되는 것이다. 이러한 고통을 받아들이고 이겨낸 사람은 좀 더 강한 면역력을 가지게 된다. 어려운 상황에 대한 면역력, 버거운 과제에 대한 면역력, 불편한 관계에 대한 면역력 등이 자신의 내면을 더욱 강하게 만드는 것이다. 이는 곧 진화를 의미한다. 고통을 이기며 점점 더 나아지는 것이다. 즉 고통은 인간 진화를 위한 필수요소라 할 수 있다. 이렇듯 고통의 세 번째 긍정적인 면은 진화를 돕는다는 데 있다.

고통을 쾌통으로

운명이 실제로 존재해 미래는 결정되어 있고 현재 내가 무엇을 하든 결정된 사항은 바뀌지 않는다고 가정하자. 만약 이런 조건에서 당신의 미래에 대해 알려준다고 한다면 당신은 그 미래를 듣고 싶은가?

이런 문제는 점집에 찾아가 결혼운이나 취직운에 대해 물어보는 마음과는 판이할 것이다. 불확실한 미래에 대해 궁금증을 가지는 것은 인간으로서 당연한 일이다. 이는 지속적 생존이라는 본능적 욕구를 충족시키기 위한 인간의 원초적 호기심이라 할 수 있다. 즉, 미래를 예측하면 미래에 발생할 수 있는 위험에 대비하고 자신을 안전하게 보호할 예방책을 마련할 수 있기 때문이다. 하지만 미래가 정해져 있고 그것을 알 수 있다면 어떤 일이 벌어질까? 가장 큰 변화는 인간의 뇌 속에서 '동기motivation'라는 요인이 사라질 수 있다. 동기란 어떤 일이나 행동을 일으키는 계기이다. 좀 더 구체적으로 살펴보면, 내가 열심히 공부하는 이유, 내가 미치도록 뛰는 이유, 내가 밤을 새우며 고민하는 이유 등과 같이 무엇을 할 수 있도록 자극을 주는 에너지원이 동기다. 동기가 사라진다면 인간은 어떻게 될까? 내가 지금 하는 노력이 나의 미래에 전혀 반영되지 않는다면 노력할 이유가 없는 것이다. 미래가 좋으면 좋은 데로, 안 좋으면 안 좋은 데로 맹목적으로 수용하며 살아갈 수밖에 없다. 동기가 없는 삶은 흡사 지옥을 연상시킬 정도로 암울하고 생기가 없을 것이다.

위의 상황은 상상만으로도 끔찍하다. 인간은 미래를 궁금해하지만, 미래를 알 수 없다는 것 또한 축복일 것이다. 하지만 다수의 인간은 불명확한 미래에 대응하기 위해 다양한 노력을 기울인다. 좋은 인간관계를 만들고 유지하기 위한 노력, 새로운 지식과 정보를 취합하기 위한 노력, 더 건강하고 활기찬 삶을 지속하고자 하는 노력, 매력을 만들고 발산하려는 노력 등 인간 가치 향상을 위해 다양한 노력들이 이루어진다. 이러한 노력의 과정은 뚜렷한 동기가 존재할수록 강도와 지속도가 높아진다. 즉 더 많이 노력하고, 더 지속적으로 몰입한다는 것이다. 이 과정에서 따라오는 부산물 중에는 피로, 스트레스, 불안, 조바심, 유혹과 같은 다양한 유형의 고통이 따른다. 고통이 필연적으로 따라온다면, 이런 고통을 받아들이고, 나아가 이기고, 더 나아가 즐기게 된다면 어떨까?

고통이 쾌통, 즉 즐거움으로 바뀔 수 있다면 얼마나 좋을까?

Solution_ 쾌통 철학

최면상태에서 매운 양파를 달콤한 사과처럼 먹거나, 즐겨 피우던 담배에 구역질을 하는 사람을 본 적이 있다. 이는 자신의 의식을 최면술사에게 맡기면 능동적 자세에서 수동적 자세로 전환되면서 주어진 암시를 제시하는 대로 받아들여서 나타나는 현상이다. 이는 최면술이 아니어도 일상에서 쉽게 찾아볼 수 있다. 꽉 졸라맨 코르셋으로 숨쉬기조차 불편하더라도 아름다운 허리선을 보여주기 위한 욕구는 자신에게 암시를 준다. 지금 힘든 것이 아니라 아름다워지고 있는 것이라고. 하이힐은 다리 선을 매혹적으로 보이게 하는 고마운 선물이고, 쓴 술은 마음을 열어주는 단물이라고 자신에게 끊임없이 암시를 준다. 이 덕분에 코르셋과 하이힐을 신은 여성은 힘든 고통이 아닌 즐거운 쾌감을 느끼는 것이고, 쓴 화학주의 알싸한 고통은 어느새 마음과 마음을 연결해 주는 중매쟁이가 되어 인간을 흥겹게 하고 있다. 여기에서 핵심은 내가 암시를 어떻게 설정하냐에 따라 기쁨이 되기도 하고 고통이 되기도 한다는 것이다. 즉, 자기 암시의 방향성을 철저히 관리하라는 것이다. 지금의 고통은 현재의 내가 진화되고 있다는 증거인 만큼 발전을 위해 기꺼이 고통을 견디는 것이다. 고통이 없는 것이 더 큰 고통이니 내가 감수할 수 있을 만큼의 고통으로 내성을 키우는 것이다. 마치 아주 소량의 독으로 천천히 독에 대한 저항력을 키우듯 말이다.

튤립이 크고 아름다운 꽃을 피우기 위해서는 구근 상태에서 50일 이상 영하의 온도에서 고통을 이겨내야 한다. 지금의 고통이 화려한 꽃이란 영광으로 피어난다는 자기 암시를 통해 고통 앞에서 담대해지는 것은 오직 인간이기에 가능한 축복일 것이다.

고통은 진화를 위한 즐거운 비명이다.

고난이여 다시 오라

만일 뱀에게 물린 상처와

동료들에게 버림받은 불행과

이 섬에서 겪어야 했던 처절한 고독이 없었더라면

나는 마치 짐승처럼 생각도 없고 근심 걱정도 없었을 것이다.

고통이 내 영혼을 휘어잡아 깊은 고뇌에 빠뜨렸을 때

비로소 나는 인간이 되었다.

- 그리스 신화 속 영웅, 필록테테스 -

08

열정

- 식지 않는 에너지 -

'미치다'란 동사는 상반된 두 가지의 의미가 있다. 첫째는 정신이 방향을 잃어 온전치 못한 상태를 말하거나 둘째는 정신이 오로지 한 방향으로 집중되어 몰입한 상태를 의미하기도 한다. 전문가가 되기 위해서는 미쳐야 가능하다. 여기에서 미친다는 말은 당연히 후자를 뜻한다. 즉, 전문가의 길이란 고도의 집중화된 시간과 노력의 투자만이 가능한 고행의 길임을 의미한다.

앞서 전문가로 거듭나기 위해서 고통에 임하는 자세부터 남달라야 함을 강조하였다. 고통을 즐거운 쾌통으로 승화하는 자세는 전문가로 성장하기 위한 든든한 방패를 준비하는 것과 같다. 고통에 대한 두려움을 차단한 후의 다음 단계는 전진을 위한 강력한 추진체를 장착하는 것이다. 즉, 한 손에 방패를 준비했다면 다른 한 손에는 창을 준비해야 한다. 목표를 달성할 때까지 꺼지지 않는 강력한 원동력, 주어진 사명 앞에서 열렬한 애정을 가지고 열중하는 마음 자세, 식지 않는 에너지, 바로 열정을 장착하는 것이다.

그렇다면 식지 않는 뜨거운 에너지의 원동력인 열정은 어디에서 오는 것일까?

열정의 탄생

열정이란 주어진 사명 앞에서 열렬한 애정을 가지고 열중하는 마음 자세이다. 이는 곧 강력한 몰입과 행동으로 표출된다. 이러한 폭발적 에너지는 원천은 어디에서 시작된 것일까?

왜 움직이는지? 왜 고민하는지? 왜 추구하는지? 왜 멈추는지? 왜 계속하는지? 왜 미친 듯 몰입하는지? 누구나 뭔가를 해내지만, 행동을 유발하는 배후의 원인은 찾기 힘들다. 하지만 이러한 질문에 명확한 답을 줄 수 있는 과학적 분야가 존재한다. 그것이 바로 동기motivation이다. 동기의 원초적 질문은 '무엇이 행동을 일으키는가?' 더 나아가 '무엇이 행동의 강도를 조절하는가?'이다. 중요한 것은 동기가 행동을 지배한다는 것에서 출발하여 동기의 강도가 행동의 몰입을 좌우한다는 것을 이해하는 것이다. 즉 강력한 동기는 열렬한 애정을 바탕으로 한 몰입을 유도하여 열정적 태도와 행동으로 나타난다.

이러한 열정의 도화선이 되는 동기에 대해 좀 더 살펴볼 필요가 있다. 동기이론의 핵심은 무엇이 행동의 방향과 강도를 제공하는가를 설명해준다는 것이다.

여기 한 남자가 있다. 그는 사실적인 그림을 그리고 싶어 안달이 난 화가이다. 어느 날 그는 폭풍우 치는 바다를 몹시 그리고 싶어졌다. 그는 몇 날 며칠을 폭풍이 오기만을 기다렸고, 드디어 폭풍 치는 바다를 향해 배를 띄웠다. 그는 휘몰아치는 파도에 쓸려가지 않기 위해 갑판 기둥에 밧줄로 자신을 몸을 꽁꽁 묶은 채로 거세게 달려드는 폭풍 치는 바다를 눈에 담았다. 다행히? 살아서 돌아온 그는 눈에 담은 장면을 캔버스 위에 고스란히 토해놓았다. 그 작품은 훗날 폭풍우를 가장 사실적으로 묘사했다는 평가를 받으며 대중의 사랑을 받게 되었다.

이는 영국의 국민작가로 여겨지는 윌리엄 터너의 실화이다. 무엇이 죽음을 불사하고 폭풍우 앞에 서게 했는가? 터너의 집념에 찬 행동은 어디에서 나오는 것일까? 그것은 살아있는 폭풍우를 그리고자 하는 강한 욕구에서 시작된 움직임인 것이다. 동기의 또 다른 표현인 욕구가 너무도 강하여 죽음마저도 무섭지 않도록 강하게 무장시킨 것이다.

터너의 이야기에서 알 수 있듯이 강한 욕구는 그것을 반드시 실행시키고자 하는 열정으로 나타난다. 이런 열정은 집념에 찬 행동으로 표출되며 만족할 만한 결과가 나올 때까지 계속된다.

열정에 불을 지피는 도화선, 즉 강력한 출발점은 욕구인 것이다. 갖고 싶은 것을 가질 때까지, 먹고 싶은 것을 먹을 때까지, 계획한 목표에 도달할 때까지 욕구는 계속해서 행동을 부채질할 것이고 욕구가 충족되고 난 후에 비로소 멈출 것이다. 여기에서 열정적 태도의 지속성은 욕구를 충족하는 데 걸리는 시간과 비례한다고 볼 수 있다. 즉, 목표를 달성하는 데 걸리는 시간이 길수록 열정적인 행동을 지속할 가능성이 크다는 것이다.

그렇다면 열정적인 삶을 지속하게 해주는 욕구의 종류에는 어떤 것들이 있을까?

욕구의 두 얼굴

행동에는 에너지와 방향이 존재한다. 에너지는 힘의 크기 즉 행동의 강도를 의미하는 것으로 상대적으로 강하며 지속적이다. 방향은 행동의 목적을 의미하며 지향하는 목표나 결과를 향해 나아간다. 에너지의 강도가 셀수록 방향성이 명확할수록 성취하고자 하는 욕구가 뚜렷하다고 할 수 있다. 또한, 욕구가 뚜렷할수록 열정의 크기도 비례한다. 욕구의 강도는 어떻게 구분될까?

학생 세 명이 공부를 하고 있다. 첫 번째 학생은 공부해야 할 이유를 찾지 못하고 책상에 앉아 시간만 보내고 있다. 두 번째 학생은 이번 시험을 못 치게 되면 선생님의 체벌과 용돈 삭감이 무서워 열심히 공부하고 있다. 마지막 학생은 시험을 잘 치게 되면 스스로가 자랑스럽고, 뿌듯함을 느끼기 때문에 열심히 공부하고 있다. 첫 번째 학생은 공부를 해야 하는 이유가 없는, 즉 무동기의 상태이고 두 번째 학생은 동기를 심어준 주체가 자신이 아닌 타인(부모나 선생)인 경우이며 세 번째 학생은 공부를 하는 이유를 자기 스스로 설정하고 열심히 몰입하는 경우이다. 첫 번째 학생을 제외하고는 뚜렷한 동기가 존재한다. 여기에서 동기유발의 주체가 누구인지에 따라 확연한 정서의 차이를 발견하게 된다.

두 번째 학생과 같이 부모나 선생 등과 같이 타인에 의해 동기가 유발된 경우, 욕구를 충족하면 안도감이나 편안함을 느끼게 된다. 체벌 받지 않아서 느끼는 안도감과 용돈이 삭감되지 않아서 느끼는 편안함 등을 말한다. 반대로 욕구가 충족되지 않은 경우는 불안이나 공포를 느끼게 된다. 체벌에 대한 공포와 용돈 삭감에 대한 불안이 느껴지는 것이다. 이 학생이 공부하는 이유는 바로 공포나 불안에서 벗어나고자 하는 회피적 성향 때문이다.

세 번째 학생은 동기유발 주체가 자신인 경우로 욕구를 충족하면 기쁨이나 성취를 느끼게 되고 반대 경우엔 좌절이나 실망감을 느끼게 된다. 이 학생은 자신이 원하고자 하는 목표에 접근함으로써 느낄 수 있는 만족과 기쁨을 누리고자 공부라는 주어진 환경에 몰입한다. 즉 자신이 원하는 방향으로 최대한 다가가기 위한 접근적 성향이 작용한 것이다.

이같이 동기유발의 주체와 욕구 충족에 따라 느껴지는 정서의 차이는 매우 크며 다르다는 것을 알 수 있다. 즉 공부를 하는 이유를 자기 스스로 결정한 학생과 타인에 의해 결정된 학생들이 성취를 하거나 실패했을 때의 기분이나 느낌은 서로 다르다는 것이다. 정리해 보면 자기 스스로 동기를 결정한 사람은 성취를 향한 접근적 동기가 작용하여 기쁨이나 만족을 느끼기 위한 열정적 행동으로 자신을 무장시킨다. 반면에 타인에 의해 동기가 결정된 사람은 불안이나 공포로부터 멀어지기 위한 회피적 동기가 작용하여 안도감 혹은 편안함을 누리기 위한 몰입된 행동이 나타난다.

이같이 똑같은 몰입이더라도 열정적 행동을 하는 배후원인을 살펴보면 정서적으로 기쁨이나 만족을 느끼기 위한 접근적 동기와 불안이나 공포를 느끼지 않기 위한 회피적 동기가 있음을 알 수 있다. 회피적 동기는 바람직하지 않은 목표, 즉 불안과 공포를 느끼지 않으려는 상황을 목표로 하고 바람직하지 않은 결과로부터 멀어지려는 것을 포함한다. 반면, 접근적 동기는 바람직한 목표, 즉 성취와 기쁨 및 희망이란 정서를 느끼기 위해 올바른 목표에 초점을 두고 원하는 결과를 향해 접근하는 것을 포함한다. 그렇다면 접근적 동기는 좋은 것이고 회피적 동기는 나쁜 것인가? 절대 그렇지 않다. 접근적 성향의 동기는 장기적이고 지속적인 목표 달성에 도움을 주고 회피적 성향의 동기는 단기적이며 일시적 목표 달성에 도움을 준다. 때론 아이들을 훈육하기 위해 회피적 성향의 동기를 유발하기도 한다.

"엄마 말 안 들으면 스마트폰 뺏을 거야."

아이들은 일시적으로 엄마의 요구에 응하는 태도를 보일 확률이 높다.

인간은 성장을 위한 목표와 계획을 가진 지능적이고 감각적인 유기체이다. 인간이 자신이 원하는 분야에서 전문가로 지속적인 성장을 한다는 것은 인생 최대의 목표가 될 수 있다. 또한, 평생 갈구하는 목표이기도 할 것이다. 이러한 목표를 달성하기 위해 출발점이 명확한 목표 설정 후, 지속적으로 노력할 수 있는 추진체인 열정을 장착하는 것이다. 열정의 도화선이 되어주는 동기에 대한 이해는 식지 않는 열정으로 지속적 성장을 위한 훌륭한 행동 표준이 될 것이다.

Solution_ 열정과 냉정 그리고...

전문가로 거듭난다는 것은 열정적 행동이 뒷받침되어야 가능하다. 시간과 노력에 몰입이란 엑기스가 첨가되어야 진정 열정의 맛을 제대로 발휘할 수 있는 것이다. 그렇다면 인간이 항상 열정적인 삶을 유지한다는 것은 가능한 것일까?

속도를 내는 기구들이 속도를 높이기 위해서 필요한 것은 가속기만이 아니다. 여기에 제동기가 있어 줘야 지속적으로 안전하게 속도를 조절할 수 있다. 마찬가지로 항상 열정적이기는 힘들다. 인간은 또한 충전과 자기반성을 통해 성장하기도 한다. 열심히 일한 뒤의 달콤한 휴식이 일에서의 몰입을 돕듯이 열정적인 시간 뒤에는 냉정한 충전과 자기반성의 시간이 필요하다.

열정적인 사람은 뛰다가 넘어지면 일어나 앞을 보고 다시 뛴다. 하지만 냉정한 사람은 뛰다가 넘어지면 현재 자신의 위치를 재점검하기 위해 앞과 옆과 뒤를 면밀히 관찰한다. 그래서 더 분발해야 할지, 여유를 가져야 할지, 방향을 전환해야 할지를 다시 생각한다. 뜨겁게 달구어진 쇳덩이가 찬물에 담금질을 반복하면서 비로소 순도와 강도가 높아지듯이 열정으로 달아오른 추진력은 냉정이란 제동장치를 거치면서 더 강하고 단단하게 진화되어 가는 것이다. 액셀러레이터 옆의 브레이크와 같이 열정의 뜀박질 가운데 뒤를 돌아보며 냉정한 숨고르기가 필요한 것이다.

오해하지 말아야 할 것은 냉정은 열정의 반대말이 아니라는 것이다. 열렬한 애정을 가지고 열중하는 마음은 같지만 성취를 위해 전진하는 것이 열정이라면, 잠시 멈춰 서서 재정비하는 것이 냉정이다.

열정 가운데 냉정을 찾기란 쉬운 일이 아니다. 말 그대로 목표를 향해 미쳐있을 때는 뒤를 돌아보는 것조차 두렵게 느껴지기도 한다. 그래서 남의 조언이나 충고 따위에 흔들리지 않으려고 자신을 더욱 무장시키기도 한다. 열정의 오용은 때론 효율성의 저하를 초래하기도 한다. 열심히 오른 산이 정상으로 가는 길이 아니었다면 누구를 탓할 것인가?

열정 가운데 냉정이란 담금질은 효율성을 높여 줄 뿐만 아니라 더욱 지속적인 열정을 만들어 주는 윤활제 역할을 해준다. 다만 한 가지 중요한 것은 성취도 아니고 점검도 아닌, 긴장도 아니고 이완도 아닌, 즉 이도 저도 아닌 미온적 태도가 가장 위험하다는 것이다.

열정의 반대말은 냉정이 아니라 미온이다.

가다가 지치면 쉬어 가라

목표를 설정하고 매진한다는 것은 방향성을 뚜렷하게 하는 것이기에 매우 중요하다. 하지만 목표의 강도에 따라 인간은 때론 나약한 존재로 돌변하기도 한다. 즉 너무 벅찬 목표는 달성하는 데 많은 인내와 노력이 필요하므로 인간은 여러 가지 핑계를 대며 포기라는 가장 쉬운 방법을 선택하기도 한다. 이런 포기에 뒤따르는 것이 자기 합리화이다.

'할 만큼 했어', '나니까 여기까지 왔지', '누구라도 결과는 마찬가지일 거야'. 과연 이런 합리화가 자신에게 이로울까?

높은 곳에 매달린 포도를 따 먹으려던 여우가 결국은 못 따 먹게 되자 '저건 분명 신 포도일 거야'라고 했다는 이솝우화의 이야기처럼, 자기합리화는 우선은 마음의 위안이 될 수 있다. 하지만 삶에 전반적으로 미치는 영향은 그리 긍정적일 수만은 없다. 좀 더 노골적으로 표현하자면 자기합리화는 핑곗거리를 찾아 쓸데없는 시간을 낭비하는 꼴이다. 단 여기에는 전제가 존재한다. 진정 자기합리화가 핑계라는 오명을 받을 수 있는 조건은 그 일이 나에게 불가능한 일일 때는 가능하다. 가능한 일임에도 불구하고 '힘들다', '어렵다', '괴롭다'는 말 따위로 포기하는 것은 합리화가 아니라 핑계란 것이다. 높은 곳에 매달린 포도는 불가능한 도전이 아니라 단지 좀 어려운 도전일 뿐이다.

거창하고 오랜 시간을 요구하는 목표에는 매 순간 많은 유혹이 도사리고 있다. '내일부터 해', '남들도 다 어렵대', '열심히 해 봐도 표시도 안 나' 이런 유혹은 곳곳에서 나를 끌어당기고 있다. 목표에 도달하기에는 너무 많은 시간이 걸려서 지치기도 한다. 열정의 불꽃이 자꾸만 사그라질 때는 어찌해야 할까? 휴식이란 명분을 앞세워 다 내려놓고 쉬어야 하는가?

열정에는 잠복기가 있음을 알아야 한다. 이는 새싹이 움트기 직전의 고요와 같고, 태풍의 눈 속에서 바라보는 하늘의 별과 같은 것이다. 새로운 열정을 불사르기 위해서는 막연한 휴식의 차원이 아닌 열정의 잠복기를 거쳐 다시금 몰입해야 한다. 열정의 잠복기는 개인에 따라 시간적 차이도 있고, 강도의 차이도 있다. 마치 사랑하는 연인과 헤어진 후 다시 새로운 사랑을 찾는데 걸리는 시간처럼, 사람마다 다양한 반응으로 나타난다. 중요한 것은 체념이나 포기가 아니라 도약을 위한 움츠림인 것이다.

긴 시간과 많은 인내를 요구하는 장기적 목표에서 잠복기를 최소화하고 몰입을 최대화할 방법은 무엇일까?

베이스캠프의 파티로 당신을 초대한다.

09

성과 창출

- 베이스캠프에서의 파티 -

타인을 칭찬하는 사람은 흔히 볼 수 있다. 친구든, 자녀든, 스승이든, 같은 팀의 동료든 주변 사람들에게 칭찬을 아끼지 않는 것은 동기부여의 차원에서 매우 유익한 행동이다. 또한, 칭찬의 효과를 강조하면서 구체적 칭찬 방법에 대한 제언들도 자주 접하게 된다.

칭찬이 미덕임은 분명하다. 하지만 많은 사람이 남을 칭찬하는 것에는 관대해도 자신을 칭찬하는 데는 비교적 인색함을 드러낸다. 남에게는 후한 점수를 주면서 자신에게는 혹독하고 냉철하게 자기비판을 하는 경우가 많다. '좀 더 잘할 수 있었는데', '나는 왜 이 모양이지' 따위의 자신을 학대하는 말을 서슴지 않는다.

물론 스스로 비판적 사고를 가진다는 것은 변명이나 합리화보다는 나을 수도 있다. 왜냐하면 적어도 다음번에는 지금보다 나아질 수 있도록 더 노력할 가능성이 크기 때문이다. 하지만 단기적인 일일 때는 자기비판이 도움이 될 수 있으나 장기적인 목표 수행의 길에서는 아닐 확률이 높다. 전문가로 거듭난다는 것은 평생 노력해야 할 장기적 여정과도 같다. 이런 긴 행보에 자기비판으로 불안과 초조한 마음이 지배적이라면 과연 견뎌낼 수 있을까?

아주 높고 험한 산을 끝까지 즐거운 마음으로 오를 수 있게 하는 힘은 어디에서 나오는 것일까? 인생의 긴 목표를 위한 에너지가 방전되기 전에 충전하는 방법에 대해 생각해 볼 필요가 있다.

여정에서의 베이스캠프

장기레이스를 펼칠 수 있는 전제는 베이스캠프의 확보라 해도 과언이 아니다. 긴 여정에서 충전의 시간은 필수다. 우리는 외국어 공부를 할 때, 전문가 자격증을 준비할 때, 학위 논문을 쓸 때, 기록을 단축하기 위한 훈련을 할 때 등 인생에서 녹록지 않은 장기레이스를 펼칠 때가 종종 있다. 아니 종종 있어야 한다. 목표에는 하루 만에 달성할 수 있는 단기 목표와 끝을 판단하기 힘든 장기 목표가 있다. 인생의 나침반이 되어주는 장기 목표는 성장하는 데 반드시 필요하다.

녹록지 않은 장기 목표를 달성하기 위해서는 목표를 쪼개어 관리할 필요가 있다. 마치 큰 스테이크를 한입 크기로 자르듯이 말이다. 목표를 쪼갤 때 필수적인 것은 등반할 때 베이스캠프의 위치를 선정하는 통찰에서 힌트를 얻을 수 있다. 등반 시 베이스캠프는 생존과 직결되는 핵심 장소이며 목표 달성 시기 예측에 도움을 주는 중요한 위치이다. 베이스캠프는 다음으로 출발하기 위한 일차적인 거점이 되면서 휴식과 재충전을 위한 장소이기도 하며 필요한 물품을 공급받는 전진기지이기도 하다.

여기에서 목표 달성을 위한 베이스캠프와의 유사점을 발견할 수 있다. 첫째, 인간은 한계를 가진 동물이지만 그 한계는 충전이란 시간을 통해 조금씩 극복할 수 있다. 등반에서의 베이스캠프와 목표 달성에서의 베이스캠프는 충전을 위한 휴식처란 면에서 공통점을 가진다. 나에게 주어진 에너지를 할당량만큼 소진한 뒤에는 내일을 위한 에너지를 공급받아야 한다. 안나푸르나 남봉 베이스캠프에서 마시는 커피가 세상에서 가장 맛있었다는 한 산악인의 이야기는 고행 뒤 휴식의 달콤함을 고스란히 전달해 준다. 이와 같이 장기 목표를 진행하는 과정에서 자신이 정한 단기 목표에 도달하는 지점이 일차 베이스캠프이고, 여기에서 자신에게 최고의 커피를 선물할 필요가 있다. 즉, 충전을 위한 달콤한 위로와 휴식을 선물한다. 이런 선물은 다음 출발을 위해 신발 끈을 조여 매는 이유가 될 것이다.

둘째, 비로소 도달해 보니 보이는 것들이 있다. 산을 오르다 보면 아래에서 보이지 않았던 것들이 하나하나 눈에 들어온다. 즉, 경험한 자만이 누릴 수 있는 최고의 혜택들이다. 온도, 바람, 지질, 지형, 공기 등 내 피부에 맞닿는 모든 것이 조금씩 변화한다. 이런 변화를 체득하면서 베이스캠프에 도착하면 앞으로의 변화도 예측이 쉬워진다. 즉, 경험을 통한 통찰을 배우게 되는 것이다. 그래서 다음 출발을 위한 계획을 수정하거나 재편성할 필요를 느끼게 된다. 목표 달성을 위한 여정 속에서의 베이스캠프 또한 마찬가지이다. 이만큼 와 보니 저만치 뒤에서 보이지 않던 것들이 보이기 시작하는 것이다. 방법이나 방향의 전환이 될 수도 있고 우선순위를 바꾸거나 새로운 동반자를 모색할 수도 있다. 무엇이든 통찰에 의한 수정은 바람직하다. 베이스캠프는 성취한 만큼 성숙해진 통찰을 통해 바람직한 방향으로의 전환을 허용한다.

셋째, 비우고 나면 새롭게 채워야 한다. 등반을 하다가 베이스캠프에 도착할 즈음엔 배낭이 가벼워지기 마련이다. 물과 식량은 기본이고 생필품들과 산소통이 거의 소진된 상태이기 때문이다. 베이스캠프는 다음 출발에 필요한 배낭을 채우는 소중한 거점이다. 인간이 한 번에 짊어질 수 있는 무게의 한계는 생존이나 생활에 필요한 무게에 비해 훨씬 부족하다. 베이스캠프는 부족함을 채워주어 여정을 마칠 수 있도록 도움을 준다. 목표 달성을 위한 여정에서도 마찬가지다. 긴 여정에서 베이스캠프에 도착하게 되면 일차적으로 마음의 짐을 내려놓게 된다. 더불어 지금까지 견뎌오는 데 필요했던 장비나 시스템들을 다시 업그레이드시킬 필요가 있다. 연주자의 악기, 운동선수의 운동기구, 학자의 책, 기술자의 소프트웨어 등 전진을 위한 환경을 재정비하여야 한다. 이는 효율성과도 직결되는 문제이다. 시간과 속도와 비용의 효율성을 최적화할 수 있는 장비와 시스템 구축이 목표에 도달하는 시간과 비용을 줄여 줄 것이기 때문이다.

이처럼 베이스캠프는 장기 목표를 달성하는 데 반드시 있어야 할 중요한 거점임은 분명하다. 그렇다면 베이스캠프의 위치는 누가 어떻게 결정하는 것일까?

물론 등반 시 만나게 되는 베이스캠프는 나의 의지가 아닌 오랜 시간 여행자들의 경험에 의해 적정한 위치에 만들어져 있다. 하지만 인생에서의 베이스캠프는 오로지 나의 의지로 위치를 설정할 수 있다.

남들이 거쳐 간 형식적인 베이스캠프가 아닌 나의 목표 달성을 위한 내가 정한 베이스캠프. 그 위치는 어떻게 정해야 할까?

내 인생의 베이스캠프

내 인생의 장기 목표를 달성하기 위한 프로젝트는 먹기 좋게 스테이크를 자르듯, 이룰 수 있는 최적의 포트폴리오로 구성되어야 한다. 즉 장기 목표를 효율적으로 이루기 위한 최적의 단기 목표를 설정하여 체계적으로 실천해야 한다. 그렇다면 충전과 재정비를 위한 베이스캠프의 위치가 곧 단기 목표가 이루어지는 시점인 것이다. 인생에서의 베이스캠프는 단기성과가 완성되는 종착점인 동시에 새로운 단기 목표가 시작되는 출발점이기도 하다. 그렇기에 베이스캠프의 위치는 무엇보다 중요하다.

그렇다면 어떤 기준으로 베이스캠프를 설정해야 할까?

첫째, 동기부여가 필요한 시점이 베이스캠프가 만들어지는 시점이다. 인간을 움직이게 하는 힘, 열정적으로 달려가게 하는 힘의 원천이 동기이다. 이러한 동기가 약해지면 당연히 열정도 시들게 되고 목표를 향한 움직임도 둔해지다가 어느 순간 포기하게 된다. 동기를 찾고 에너지를 부여하는 일은 절대 영구적이지 않다. 한 번의 충전으로 평생 유지되는 것이 아니라 수시로 충전하고 확인해야 할 일이다. 장기 목표를 실행하는 과정의 끝은 멀고 어렵게 느껴지기 때문에 가깝고 쉽고 유혹적인 일에 한눈팔기에 십상이다. 이런 주변의 자극에도 꿋꿋이 견디게 하는 힘이 동기이다. 이런 동기가 나약해질 때는 베이스캠프에서 동기를 충전하여야 한다. 때론 베이스캠프에 머무는 시간이 길어질 수도 있다. 하지만 이 시간은 결코 헛된 시간이 아니라 더 먼 길을 위한 위대한 충전의 시간이라 자신을 위로하면서 내면을 다질 필요가 있다.

둘째, 하나의 미션을 완수한 시점이 베이스캠프에 도달하는 시점이다. 전문가가 되기 위한 장기 프로젝트를 완수하기 위해서는 평생 단기 미션을 설정하고 이루어 나가는 과정을 거쳐야 한다. 천 리 길도 한 걸음부터라고 작은 미션들이 완수되어 가는 과정이 전문성을 확보하는 과정이라 할 수 있다. 미션을 완수하는 데 걸리는 시간과 노력을 잘 안배하여 적절한 목표치를 설정하고 이를 완수했을 때 다음을 준비하는 베이스캠프가 필요한 것이다.

내 인생의 베이스캠프 위치와 머무르는 시간은 내가 정한다. 사람에 따라 베이스캠프의 간격과 머무르는 시간은 다 다를 것이다. 하지만 한 가지 확실한 것은 베이스캠프가 없이는 목표도 이루기 힘들다는 것이다.

베이스캠프까지의 동반자

세계 최고봉 에베레스트는 1953년 5월 29일 오전 11시 30분까지는 인간의 발자취를 허락하지 않았다. 에베레스트에 최초 등정한 사람은 뉴질랜드 출신의 영국원정대 소속 에드먼드 힐러리경과 그를 도와준 네팔 출신의 셰르파인 텐징 노르게이이다. 힐러리는 자신이 에베레스트를 정복할 수 있었던 가장 큰 힘이 셰르파인 텐징의 도움이었다고 밀했나. 셰르파란 등반을 도와주는 안내인이란 뜻으로 고산지대에 잘 적응하고 지리적으로 밝은 현지인으로 등반 시 없어서는 안

되는 필수 인물이다. 긴 여정에 셰르파와 같은 도움을 주는 동행인이 있다는 것은 행운이다. 전문가로서 자신을 성장시켜 나가는 데 주변에서 셰르파의 역할을 해줄 수 있는 인물을 찾아 도움을 얻을 수 있도록 노력할 필요가 있다.

인간은 사회적 동물이다 보니 관계를 통해 더 큰 시너지를 얻을 수 있다. 셰르파라 불리는 내 인생의 안내자는 다양한 곳에서 찾을 수 있다. 가정에서 부모님과 형제자매들, 학교에서 친구와 선후배 및 선생님들, 일터에서 동료와 상사들, 사회에서 멘토 등과 같이 내 주변에서 기꺼이 조언과 격려를 아끼지 않는 셰르파를 적잖게 만날 수 있다. 그들이 가진 경험과 지식은 자신을 좀 더 빨리, 기분 좋게 베이스캠프로 인도해 줄 것이다.

Solution_여기까지 잘 왔다

타인에 대한 칭찬은 미덕으로, 다양한 칭찬 전술은 하나의 에티켓으로 여겨진다. 그러나 인간은 자기 자신에게 하는 칭찬에 매우 인색한 편이다. 앞서 언급했듯이 자신에게 혹독하고 냉철하게 자기비판을 하는 경우가 나쁘지만은 않다. 자신에 대한 비판적 태도는 긴장을 늦추지 않으면서 더욱 열심히 하고자 하는 동기와 연결되기 때문이다. 하지만 계속되는 자기비판 태도는 장기적 목표 수행의 길에서는 함정이 될 수 있다. 단기 목표를 수행하는 과정에서 비판적 태도는 일시적 동기부여가 되고 열정과 몰입을 끌어 올리기도 한다.

수년, 수십 년이 걸리는 장기적인 일에 자기비판으로만 자신을 대한다면 성장으로 가는 길이 행복할까? 인생은 과정이지 결과는 아니다. 인생의 결과는 생을 마감한 이후에 타인에 의해 평가되는 것이다. 그러므로 우리는 자기 인생의 결과로 도달하는 과정만을 조절할 수 있다. 이 과정에서 행복이란 요소는 무엇보다 중요하다. 목표를 이루어 나가는 과정이 자기비판으로만 가득 차 있다면 결과가 아무리 좋다고 한들 행복했다고 표현할 수 있을까? 어떤 과정을 거쳤든지 간에 베이스캠프에 도착했다는 것만으로도 칭찬받을 만하다. '더 잘 할 수 있었는데', '더 빨리 올 수 있었는데' 하는 아쉬움은 자신을 위로하는 에너지로 전환해야 한다.

자기 비판적 에너지는 긍정의 활력이 아닌 피로감과 불편함으로 나를 휘감아 새로운 시작에 걸림돌이 된다. 시간이 얼마나 걸렸고 앞으로 얼마만큼의 시간이 더 걸릴지 모르지만, 진행하고 있다는 것만으로도 충분히 값진 것이다. 많은 사람이 진행을 멈추고 지나온 길을 후회하면서 정체된 삶을 이어가고 있다는 것을 안다면 현재진행형이란 나에게 주는 무궁한 가능성일 것이다.

어찌 되었건, 여기까지 오느라 수고했고 지금까지 아주 잘 했다고 오른손으로 자신의 왼쪽 어깨를 토닥여 줄 가치는 충분하다.

여기까지 잘 왔다고….

10

역량 강화

- 지식 근력을 키워라 -

전문성을 확보하기 위해서는 얼마의 시간이 걸릴까? 이 질문에 대해 많은 학자들의 연구가 진행되었고, 그중 에릭슨과 그의 동요들은 전문가 수준의 성과를 내기 위해서는 10년 이상, 10,000시간 이상 집중하는 시간이 필요하다고 강조했다. 단지 시간만이 전문가를 만드는 것이 아니라 반드시 집중적인 노력만으로 가능하다는 것이다. 여기에서 집중적인 노력이란 가치를 창조하기 위한 계획된 활동인 동시에 특정 분야에 매우 밀접한 관련이 있어야 하며, 몰입 단계의 집중도를 발휘해야 하는 본질적으로 즐겁지만은 않은 노력을 의미한다. 물론 이러한 사실은 개인차가 다분하다. 전문가에 이르는 길은 분야나 몰입도에 따라 단축될 수도, 연장될 수도 있다. 단, 단축하기 위한 전략의 개발은 전문가를 꿈꾸는 개인들에게 희망이 될 수 있다.

전문성이 후천적인 특성으로 개발될 수 있다는 다양한 연구 결과를 바탕으로 전문가가 되기 위한 긴 여정을 효율적으로 개발할 방법을 모색해야 한다.

자신의 분야에서 전문성을 인정받으려면 많은 시간과 노력은 필수적이다. 또한, 특정 단계의 전문성에 도달했다 하더라도 그 명성을 유지하는 것은 쉬운 일이 아니다. 이는 세상의 빠른 변화 속도 때문일 것이다. 오늘의 정보가 내일의 상식이 되어 있는 요즘 시대에 전문성의 유지는 매일 매일 물을 마시듯 지식수(水)를 공급받지 못하면 유지할 수가 없다. 즉 생명 유지를 위해 수분을 보충하듯 전문성 유지를 위해 평생 지식을 보충해야 한다.

평생 지식수를 마신다는 것은 무엇을 의미할까?

요즘은 몸짱이 대세다. 연예스타들은 자신의 몸을 하나의 상품으로 간주하고 아름다운 몸을 만들기에 여념이 없다. 여성은 십일 자 복근을 자랑하며 탄탄한 각선미를 과시하고 남성은 식스팩을 강조하면서 남성미를 과시한다. 이런 몸짱 스타들은 자신의 몸매를 가꾸는 비결을 대중과 공유하면서 매력을 발산한다. 한편, 한때 몸짱 스타였던 연예인이 몸꽝이 되어 나타나 상실한 복근을 아쉬워하는 재밌는 상황을 연출하여 웃음을 자아내기도 한다. 이들은 복근이 사라진 것이 아니라 안에 감추어져 있다는 어설픈 농담으로 한 번 더 웃음을 만든다. 건강한 아름다움의 상징인 복근은 어렵게 만들어지나 쉽게 사라지는 경향이 있다. 이같이 아름답고 건강한 몸을 만드는 근력이란 지속적인 노력 없이는 만들어지지도 유지되지도 않는다. 이는 비단 몸의 근력만의 문제는 아닐 것이다.

몇 년 전부터 '뇌섹남'이란 단어가 보편화되고 있다. 뇌가 섹시한 남자의 줄임말로 주관이 뚜렷하면서 유머러스하고 언변이 뛰어난 지적인 매력을 가진 남자를 가리킨다. 이는 곧 전문성과 관련된 사회적 인식이 인간적 매력인 섹시미와 결합되어 새로운 트렌드로 부상했음을 의미한다. 섹시한 복근으로 매력을 발산하듯 섹시한 뇌로 매력을 발산하는 시대라는 뜻이다. 그렇다면 뇌가 섹시해지기 위해서는 무엇을 해야 할까? 앞서 이야기했듯이 몸을 섹시하게 만들기 위해 근력을 키우듯, 뇌를 섹시하게 만들기 위해서는 지식 근력을 키워야 한다. 지식 근력은 근육과 마찬가지로 오랜 시간과 노력으로 만들어지며 노력이 중단되면 근력도 약해지거나 사라지게 된다. 즉 평생 노력해야만 유지할 수 있고 나아질 수 있는 것이 지식 근력이란 뜻이다.

전문가란 자신의 분야에 대한 지식의 폭이 깊고 넓은 사람을 말한다. 그만큼 더 많은 정보를 찾아내어 지식을 습득하고 통찰을 키우는 노력이 지속되어야만 전문가 반열에 오를 수 있다. 이렇듯 지식 근력을 강화하는 노력은 전문가로 거듭나기 위해 평생 운동하듯이 지속해야 할 과업이다. 즉, 전문성은 결과가 아닌 끊임없는 과정에서 길러진다는 것이다.

전문가가 되기 위한 기본적인 것들

전문가와 비전문가의 차이점은 무엇인가에 대한 해답이 전문가의 특성을 명확히 규명해줄 것이다. 전문성을 가지는 특정 인물들의 일반적 특성을 찾는 일은 쉽지 않다. 하지만 일반적으로 인정되는 전문가적 특성은 크게 세 가지로 구성된다.

첫째, 자신의 분야에서 고도화된 지식체계를 갖추고 있다는 것이다. 지식에 관해 연구한 학자들의 공통된 의견에 따라 지식은 구조를 기준으로 암묵지와 형식지로 나뉜다. 암묵지tacit knowledge는 학습이나 경험 등을 통해 개인에게 체화되어 있지만 겉으로 드러나지 않는 상태의 지식을 말한다. 암묵지는 성공이나 실패와 관련된 다양한 체험을 통해 습득되는 경우가 많다. 예를 들면, 까다로운 상대를 내 편으로 만드는 방법, 한 번 맛보면 다시 찾게 되는 육수를 만드는 방법, 효율성을 높이면서 원가를 절감하는 방법, 단시간에 정교한 도자기를 빚는 방법, 외면한 고객을 충성 고객으로 전환하는 방법 등이 그것인데 말과 글로 표현하기 힘들다는 특징을 가진다. 반면 형식지는 암묵지에서 구조적으로 표현하지 못한 부분들을 문서나 매뉴얼의 형태로 외부에 공개하여 다수가 공유할 수 있는 지식의 형태이다. 예를 들어 까다로운 고객 응대 매뉴얼, 다양한 육수 레시피, 성공 세일즈를 위한 행동 강령, 전사적 자원관리시스템 등이 그것이다. 이는 데이터베이스, 보고서, 서류, 신문, 도서, 학술지, 잡지, 비디오 등과 같이 다양한 형태로 저장되어 보급되고 있다.

전문가로서 지식을 습득하고 강화하기 위해서는 우선 형식지를 통해 꾸준히 학습해야 하며, 더 나아가 암묵지를 형식지로 구조화해서 공유를 통한 더 큰 가치를 창조해야 한다. 즉 유형화된 지식의 습득과 무형화된 지식의 형식적 구조화가 전문성을 유지하고 강화하는 중요한 방법이다.

맥도날드 시스템서 제조 매뉴얼 북은 오백 페이지에 달하는 광범위한 내용을 담고 있다. 여기에는 제조 방법에 대한 것은 물론이고 제조 과정에 발생할 수 있는 다양한 실수에 관한 사례들도 담겨 있다. 제조 방법과 같이 일반화된 형식지는 17페이지에 불과하지만, 다양한 실패에 대한 암묵지를 형식화하여 제공하고 있다. 암묵지를 형식화하는 과정은 결코 쉬운 일이 아니다. 지식을 습득하고 통합하고 전달하는 메커니즘에 대한 이해가 있어야 가능한 일이다. 즉 쉽지 않은 일이기에 가치가 더욱 높은 것이다.

둘째, 자신의 분야에서 획득된 다양한 경험이다. '경험이 돈'이란 말은 무형의 지식이 유형의 가치를 가진다는 말이다. 앞서 암묵지는 경험을 통해 체득된 지식이라 말했다. 바로 이러한 경험을 통한 성찰reflection이 전문가와 비전문가를 구별하는 차이점이다. '젊어서 고생은 사서도 한다'라는 말은 다양한 경험적 자산을 축적하기 위해 시간과 돈을 아낌없이 투자하란 말과 같다. 간접 경험을 통한 다양한 통찰을 바탕으로 현장에서 체화된 직접 경험은 돌발 상황에 대한 직관적 판단이나 의사결정의 정확성을 높여준다. 전문가로 성장한다는 것은 경험의 양과 비례한다고 볼 수 있다.

셋째, 지식과 경험을 바탕으로 한 문제해결 능력이다. 문제해결과 관련된 능력은 전문성을 판단하는 중요한 근거가 된다. 문제해결은 문제가 무엇인지 인식하고 정확하게 규정하는 것에서 시작한다. 이어서 문제해결 방법을 모색하고 실행하여 얻은 노하우를 바탕으로 다시금 문제를 재조명하고 전략을 세우고 실행을 하는 선순환 구조로 이루어진다. 문제해결 능력에서 전문가와 비전문가는 문제에 직면하는 방법에서부터 차이를 보인다. 전문가는 지식과 경험을 바탕으로 신속하고 통합적으로 문제에 맞서면서 구조적으로 문제해결 프로세스를 모색한다. 전문가들의 문제해결 프로세스는 복잡하고 다양한 문제요인들을 발생 원인에 따라 간결하게 유목화하고 근본적 원인을 제거하기 위한 통합적 방법을 선택한다. 이에 비해 비전문가의 문제해결 방법은 직관에 따라 엉성하게 이루어진다. 곧 다가올 문제를 인식하기보다는 닥친 문제를 해결하는 데만 급급한 모습을 보인다. 마치 언 발에 오줌 누듯 말이다.

지금까지 전문가와 비전문가의 비교를 통해 전문성의 구성요소에 대해 살펴보았다. 전문성에 관해 연구한 다수의 공통된 견해에 의하면 지식, 경험, 문제해결 능력이 전문성을 판단하는 중요한 요인임을 알 수 있다. 이 외에도 창의성이나 직관, 통찰도 전문성을 판단하는 중요한 요인임을 알아야 한다. 하지만 지식과 경험 및 문제해결 능력이 고도화될수록 창의성이나 직관, 통찰과 같은 요인들 또한 고도화된다.

지속적 지식 습득과 다양한 경험 체득 및 문제해결 능력의 함양이 전문가로 진화하기 위한 무기임을 잊어선 안 될 것이다. 또한, 무기의 성능을 강화하기 위한 지속적인 노력도 이어져야 할 것이다.

Solution_ 거듭나기

앞서 전문성을 가진 사람들의 공통점을 지식과 경험과 문제해결에 대한 능력이라 했다. 하지만 이러한 것들이 매번 탁월한 성과를 만들어 낼 수 있는 핵심 요소일까? 전문성의 결과는 성과와 직결되는 문제이다. 하지만 모든 성과가 뛰어난 전문적 특성, 즉 그 분야에 대한 지식과 경험, 문제해결 능력이라고 말할 수 있을까?

유명했던 축구선수가 있다. 그는 신인왕을 거쳐 어린 나이에 국가대표가 되었고 선수 시절에 탁월한 리더십으로 주장의 역할도 잘 수행해 냈고 국제경기에서 탁월한 성과를 만들어냈다. 그가 국가대표 감독이 되는 것에 그 누구도 이의를 달지 않을 정도로 국가적 영웅이었다. 하지만 그가 국가대표 감독이 되어서 보여준 리더십은 온 국민에게 실망을 안겨주었다. 그는 축구에 대한 이론뿐만 아니라 실전 경험까지도 가지고 있었고 국내외 다양한 경기 경험뿐만 아니라 위기시 번뜩이는 문제해결 능력을 보여주었다. 이러했던 그가 감독이 되었을 때는 왜 기대에 미치지 못하는 성과로 실망을 주었을까?

대답은 의외로 간단하다. 그는 변태적이지 못했기 때문이다.

'변태적이다'란 말을 해석하는 데 오해가 없길 바란다. 쉽게 말해 '탈바꿈하지 못했기 때문'이다.

유충이 나비가 되는 과정에서 겪는 형태의 변화를 변태라 한다. 알에서 애벌레를 거쳐 번데기에서 나비로 변화되는 과정이다. 이 과정은 모든 것이 변하는 과정이다. 먹고 자고 움직이는 것과 같이 기본적인 생활의 틀이 완전히 다른 삶인 것이다. 여기에서 변하지 않는 것은 유전자뿐이고 나머지는 통째로 바뀌는 것이다.

완전히 다른 삶에 적응하기 위해서는 어떤 태도를 취해야 할까? 과거의 영광을 재현하는 방법이 옳은 것일까? 쉽게 말해 애벌레 시절에 가진 지식과 경험만이 나비의 성공을 보장한다고 할 수 있는가? 단연코 아닐 것이다. 나비로서 성공적인 삶을 위해서는 애벌레 시절에 체득된 여러 가지 가치가 도움이 될 뿐이지 그것이 성공의 열쇠가 되지는 못한다.

그렇다면 나비로 변화하기 위해서는 어떤 자세가 필요할까?

지금까지의 방식이나 태도를 버리고 새롭게 시작해야 한다. 많은 사람이 자신이 이룬 성공을 답습하며 살아간다. 과거의 성공 경험이 현재의 성공을 보장이라도 해주듯 눈 위의 발자국을 따라 밟듯이 자기 모방을 서슴지 않는다. 여기에는 큰 함정이 있다. 바로 변화라는 막강한 변수를 외면한 것이다. 여기서 변화란 상황과 위치에 대한 변화이다. 이는 주변 환경과 사람, 시스템과 장비 등과 같은 상황에 관한 변화와 지휘와 역할, 책임과 권한과 같은 위치에 관한 변화를 말한다.

앞서 운동선수의 예는 애벌레 시절의 영광을 나비 시절에 그대로 답습하면서 변화에 적응하지 못한 사례라 할 수 있다. 전문가로 지속적인 성장을 하기 위해서는 단계별 새로운 전략과 실행방법이 있어야 한다. 즉 끊임없이 거듭나야 한다.

'우물쭈물하다가 내 이럴 줄 알았다'란 묘비 글로 더 유명한 조지 버나드 쇼의 명언 가운데 배우기를 멈추는 것은 죽음과 같다는 말이 있다. 그러니 당신의 맥박이 뛰고 있는지 자주 확인해 보라고 했다. 결국 '맥박이 뛴다'라는 것은 생리석 문제가 아닌 배움의 정도를 점검하란 뜻이다.

전문가로 거듭난다는 것은 고통을 감수하면서도 새로운 것들을 받아들여 내면적 근력을 강화해 한 층 더 가치 있는 전문적 능력을 발휘하는 것이다. 이러한 전문적 능력은 현실 직시를 통한 미래 예측을 가능케 하는 주요 변수이다. 시간을 거스를 수 없는 인간적 한계는 예측이란 나침반을 통해 극복하고자 하는 노력으로 나타난다.

예측은 곧 전문적 통찰이다. 겉을 보고도 속을 읽을 수 있는 능력인 통찰은 전문성이 진화되면서 더욱 다각화되고 풍부해진다.

통찰을 통해 전문가로 진화하는 과정을 이해하는 것이 필요하다.

작년 자신의 모습을 부끄러워하지 않는 사람은
충분히 배우고 있지 않은 사람이다.
- 알랭 드 보통 -

11

통찰

- 겉은 보고 속을 읽어라 -

'척하면 압니다.'란 유행어가 대중의 인기를 끄는 시절이 있었다. 여기서 '척하면'의 뜻은 "약간의 암시만 주면" 또는 "한마디만 하면"의 뜻이다. 인간이 어떻게 한마디 말에, 또는 약간의 암시에 모든 것을 알아차릴 수 있는 것일까? 어떻게 해서 하나를 보면 열을 알 수 있는 능력을 가지게 되는 것일까? 나아가 인간이 어떻게 시간을 앞당겨 미래를 예측하고 방향성을 잡아갈 수 있는가? 이러한 의문의 중심에 인간의 신통방통한 능력인 통찰이 있다. 여기서 신통방통하다는 말은 주술적이거나 종교적인 초능력을 의미하는 것이 아니다. 단지 과학적으로 증명하기 어렵고 그 과정이 모호한 상황에서 발생하는 능력이기에 이렇게 표현했다. 통찰의 다른 표현으로 '아하! 경험'이라고도 한다. 즉 문제에 부딪혔을 때 마치 신통 – 즉 신과 통하여 강력한 해답을 하사받은 듯 – 하게 문제를 해결하는 경험을 의미하는 것이다.

이러한 신통한 능력인 통찰은 삶을 더 넓고 크게 보며 다양한 가능성에 대해 가장 빠르고 정확한 답을 제시해 주는 전문성의 최고 영역이라 봐도 될 것이다. 전문가로 성장하고 전문가로 거듭나고 전문가로 영향력을 높이기 위해서는 통찰이란 강력한 무기의 진화가 요구된다. 왜냐고? 대중이 전문성을 가진 사람을 통해 얻고자 하는 것은 미래에 대한 예측과 가야 할 방향성에 대한 조언이기 때문이다. 통찰을 가진다는 것은 대중이 원하는 조언의 타당성과 신빙성을 가진다는 의미와 상통하는 것이다.

통찰력은 어떻게 만들어지는 것일까? 또한, 지속적으로 통찰력을 개발하고 강화하기 위해서 인간이 노력해야 할 것들은 무엇이 있을까?

통찰에 대한 통찰

통찰insight은 inner와 sight에서 유래된 말로 '내면을 본다'는 의미로 꿰뚫어 보는 능력을 말한다. 즉 겉을 보고도 속을 읽을 수 있는 능력, 사물이나 현상의 특징이나 관계 등을 명확하게 파악하고 예측할 수 있는 초고도 심리적인 능력을 의미한다. 통찰에 대한 다양한 분야에서의 연구 가운데 심리학 내에서 통찰에 대한 해석이 유의미하다. 왜냐면 통찰에 대해 체계적으로 언급한 최초의 학문이며 현재까지 실험을 통하여 더 자세하고 구체적으로 연구되고 있기 때문이다.

심리학에서 보는 통찰에 대한 정의는 "어떤 사물이나 상황이 보다 심층적인 형태로 파악되면서 관련 분야의 광범위한 이해를 통해 더 구체적이고 다양한 가능성에 접근하는 것"으로 표현된다. 이 분야에서는 나무가 아닌 숲을 보는 전체성 유지의 중요성을 강조하였다. 그와 통찰에 대한 다양한 정의는 자신의 내면을 통하여 외부 세계를 지각하는 것, 문제의 본질을 전체와 관련하여 지각하고 재구조화하여 얻는 것, 어렵고 복잡한 사물이나 상황을 명백하게 인식하는 것 등이 있다. 이들의 공통점은 해결해야 할 어떤 문제가 있을 때 관련된 상황들을 명확하게 인지한 후에 섬광이 비추듯 불현듯 떠오르는 형태로 통찰이 나타난다는 것이다. 그래서 앞서 언급했듯이 '아하! 경험'이라 불리는 이유가 여기에 있는 것이다. 마치 욕실의 물이 흘러넘치는 것을 보면서 "유레카!"(알았다)를 외친 아르키메데스처럼.

고대 그리스 시칠리아의 히에론왕은 자신이 받은 왕관이 순금인지 은이 섞인 왕관인지 알아내기 위해 물리학자인 아르키메데스에게 명령하였다. 왕관을 훼손시키지 않으면서 해결해야 할 과제이기에 난감하기 짝이 없었다. 고민에 고민을 거듭하던 아르키메데스는 목욕하기 위해 욕조에 몸을 담그자 물이 탕 밖으로 넘치는 현상을 발견하고 섬광과 같은 통찰을 느끼며 "유레카"를 외치게 된다. 그는 모든 금속이 같은 무게에서 부피가 다르다는 과학적 지식을 알고 있었기에 곧바로 왕관과 같은 무게의 순금의 부피를 측정하고 왕관의 부피와 비교하여 왕관이 순금이 아님을 입증하였다. 순금에 비해 밀도가 낮은 은이 섞인 왕관은 같은 무게의 순금에 비해 넘치는 물의 양이 많았던 것이다. 즉 부피를 측정하는 방법을 욕조에서 넘치는 물을 보고 생각해 낸 것이다.

위의 유명한 일화를 통해 통찰의 프로세스에 대한 자세한 설명이 가능하리라 본다. 우선 통찰이 발생하는 상황은 문제의 도출에서 시작한다. 주어진 문제에 대해 난이도와 중요성에 따라 몰입의 강도가 달라진다. 문제가 어려울수록 또는 문제가 중요할수록 몰입의 수치는 높아진다. 아르키메데스의 일화에서의 문제는 "왕관이 순금으로 제작되었는지를 증명하라."이다. 문제의 도출 이후 다음 상황의 전개는 도출된 문제의 심층 분석 단계이다. 즉 현재 과학적으로 증명된 지식과 경험을 총동원하여 문제해결의 실마리를 찾는 것이다. 아르키메데스는 여기에서 벽에 부딪힌 것이다. 그 당시의 과학 기술은 금속의 성분을 가려낼 만큼 정교화되어 있지 않았다. 문제 심층 분석 과정에서 자연스럽게 해결 방안이 도출되는 경우도 흔하지만 그렇지 않은 경우에 '막다른 골목impasse'에 이르게 된다. '막다른 골목'이란 가능한 모든 단서를 총동원하여 모든 시도를 한 후에도 문제가 해결되지 않는, 더 이상 해답을 찾을 가능성이 보이지 않는 지점을 의미한다.

아르키메데스가 자신이 가진 지식을 총동원하여 몇 날 며칠을 고민해도 답을 얻지 못한 상황이 막다른 골목에 이른 상황이다. 마치 유리창에 붙어 밖으로 나가려는 나비처럼 아무리 전진하려 해도 제자리인 상황과 같은 것이다. 이런 상황을 거듭하다 보면 두 가지 선택을 하게 된다. 첫째는 가장 쉬운 포기를 선택하는 것이고, 둘째는 한 발 뒤로 물러서 재조명하는 것이다. 현재 상황을 재조명하면 기존에 바라보던 틀에서 벗어나 문제를 새로운 관점에서 재구조화restructing하는 경향으로 발전하게 된다. 이런 재구조화를 돕는 요인이 바로 지식과 관찰과 경험이다. 아르키메데스는 금속들이 같은 무게에서 서로 다른 부피를 가진다는 과학적 지식을 습득한 상태였고, 그는 욕조의 물이 넘치는 관찰을 통해 부피 측정에 대한 해결 방법을 찾아내었다. 또한, 일상에서 축적된 다양한 경험이 재조명되어 문제해결의 실마리를 제공하기도 한다. 즉 극도의 몰입 상태에서 지식과 관찰과 경험이 우연히 일치하면서 섬광과 같은 통찰력을 발휘하여 문제를 해결하게 된 것이다.

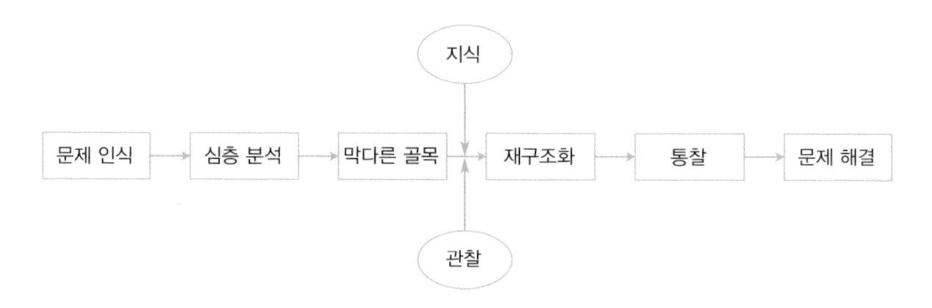

통찰을 통한 문제해결 프로세스

문제를 인식하고, 문제에 대해 기존 방법과 지식을 총동원하여도 실패를 거듭한다면 막다른 골목에 이르게 된다. 이때 시간이란 자원을 바탕으로 지식과 관찰과 경험이란 변수를 잘 조리하면 문제를 보는 시각이 달라진다. 이러한 재구조화 과정을 거치게 되면 불현듯 통찰이 생기며 이는 문제의 해결로 이어진다. 이러한 통찰을 통한 문제해결 프로세스는 형태주의 심리학의 관점에서 설명이 된 이론을 재구성한 것이다.

잠시 형태주의 심리학의 관점에서 통찰이 촉발되는 과정을 설명한 이론을 살펴보면 지식이나 관찰, 경험 따위의 중요성은 전혀 언급하지 않고 있다. 다만 몰입하는 시간만이 통찰에 이르도록 도와준다고 설명하고 있다. 이런 형태주의 심리학 관점은 다양하게 비판되어왔고 현재에 이르러서는 시간 외에 지식의 습득이 통찰을 돕는다는 이론이 득세하고 있다. 본서에서는 지식 외에 관찰과 경험의 중요성을 더불어 강조하고 있다.

즉 문제해결의 막다른 골목에 이르게 된 상황에서 지식의 습득, 상황의 관찰 및 축적된 경험의 활약이 재구조화를 돕는 촉매 역할을 하여 통찰에 이른다고 보는 것이다. 그러면 통찰력을 강화하기 위해 지식과 관찰과 경험을 어떻게 개발하고 강화해야 할까?

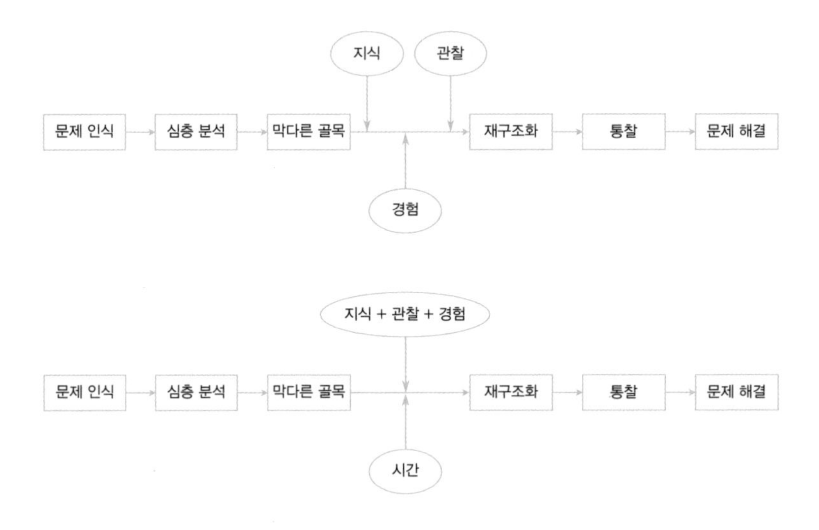

통찰을 위한 삼인삼색

겉을 보고 속을 알아차리기 위해서는 삼인삼색에 대한 이해가 필요하다. 여기서 삼인은 세 가지 유형의 관점을 가진 사람을 의미하는 것이고, 삼색은 문제해결을 위한 세 가지 유형의 사고 방법에 관한 것이다.

우선 통찰력을 강화하기 위한 삼인에 대해 살펴보자. 삼인은 세 가지 유형의 관점, 즉 지식인의 눈, 관찰자의 눈, 경험자의 눈을 통해 사물이나 상황을 투시할 수 있는 능력을 가진 전문가 유형을 말한다.

먼저 지식인의 눈을 가진 전문가가 통찰을 어떻게 기르는지 살펴보자.

아는 만큼만 딱 보인다. 그 이상도 이하도 아닌.

인간은 한계를 가진 동물이다. 하지만 그 한계의 폭을 넓히려고 무던히 애쓰는 동물이기도 하다. 한계를 극복하는 가장 좋은 방법은 앞서 한계를 극복하기 위해 노력한 사람들의 지식을 습득하는 것이다. 잘 다듬어진 밭에 씨를 뿌려 수확하는 것은 황무지를 개척하는 것보다 훨씬 쉽다. 그렇듯 앞서 개발된 지식의 습득을 바탕으로 새로운 지식을 개발하는 것은 비교적 쉬운 일이다.

지식이 통찰에 미치는 영향에 관한 실험 연구를 살펴보자.

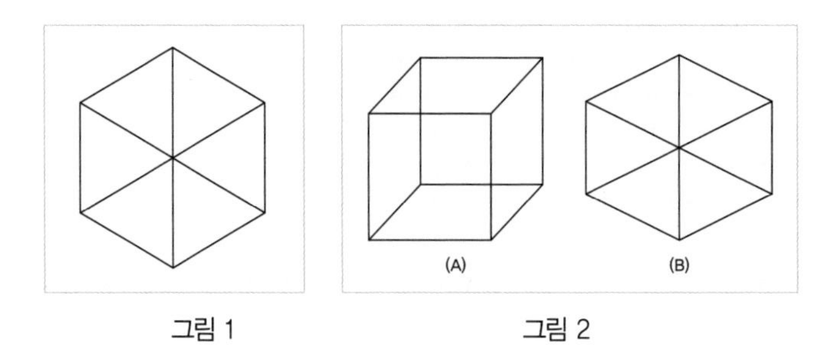

그림 1 그림 2

실험은 이렇게 진행되었다. 우선 그림 1을 실험 대상자에게 먼저 보여주었다. 그러면서 무엇이 보이는지 설명하게 했다. 실험 대상자들의 반응은 두 가지로 나타났다. 1) 평면 도형만 보이거나 2) 평면 도형과 입체 도형(정육면체)이 모두 보인다는 반응으로 나뉘었다. 일차 실험을 종료하고 1)의 경우인 평면 도형만 보인다는 실험 대상자만(전체의 52%) 모아서 이차 실험을 진행하였다. 이들에게 그림 2의 두 가지 도형을 순차적으로 보여준 후 다시 그림 1을 보여주면서 무엇이 보이는지를 설명하게 했다. 놀랍게도 그림 2를 본 후 그림 1에서 정육면체를 발견한 사람은 97%가 넘었다.

여기에서 알 수 있는 사실은 그림 1을 통해 더 이상의 새로움을 발견하지 못한, 즉 막다른 골목을 경험한 사람들에게 그림 2란 새로운 지식 자극을 경험하게 함으로써 재구조화를 촉진해 통찰에 이르게 한다는 것이다.

아는 만큼 보이고 아는 만큼 통찰도 발휘된다. 문제해결 과정에서 지식의 자극은 더 다양하고 구체적인 통찰력을 가질 수 있도록 도와줌에는 틀림이 없다.

다음으로 관찰인의 눈을 가진 전문가가 통찰을 어떻게 키우는지 살펴보자.

관찰이란 사물이나 상황을 주의 깊게 살펴보는 것을 의미한다. 관찰을 통해 통찰을 얻으려면 반드시 제거해야 할 것들이 있다. 첫째, 관찰자의 선입견이나 편견 등의 몸에 밴 생각의 틀을 없애야 한다. 관찰을 할 때는 현상을 객관적으로 살피고 설명할 수 있어야 한다. 우리는 흔히 부정과 긍정을 설명할 때 컵에 반쯤 있는 물을 가지고 묘사하도록 유도해 본다. 흔히 '물이 반이나 있다'라고 묘사하는 사람은 긍정적 성향으로, '물이 반밖에 없다'라고 묘사하는 사람은 부정적 성향으로 간주하는 경향이 있다. 관찰자는 사물이나 상황을 묘사하면서 어떠한 생각의 틀도 필요치 않다. 그냥 있는 그대로 객관적 묘사가 필요하다. '컵에 물이 반 있다'라고. 여기서 중요한 것은 관찰자가 본인의 생각의 틀 속에서 사물이나 상황을 관찰한다면 결코 통찰로 갈 수 없다는 것이다. 통찰이란 자기 생각의 한계를 넘어선 '아하! 경험'이기에 스멀스멀 피어오르는 선유 경향을 저지해야만 다양한 각도와 해결 방법이 보일 수 있다. 즉 물이 반이나 있거나 반밖에 없거나가 중요한 것이 아니라 이 물의 용도와 사용자의 상황을 파악하는 것이 우선이다.

둘째, 관찰자는 동정이나 사랑, 미움과 같은 감정을 없애야 한다. 관찰자가 상황을 바라보는데 자신의 감정을 개입하게 되면 결론은 엉뚱한 방향으로 나오기 마련이다. 앞서 고치를 뚫고 나오는 나비가 안쓰럽다고 해서 인위적으로 고치를 찢어주는 행위는 나비를 죽이는 행위와 같다고 했다. 관찰에 개입된 감정은 상황을 객관적으로 보지 못하게 할 뿐만 아니라 해결 방법도 찾기 어렵게 만든다.

무엇인가를 관찰하여 통찰을 얻고자 할 때는 소설에서 흔히 말하는 삼인칭 관찰자 시점이 필요하다. 자신의 몸에 배어있는 생각의 틀을 깨고 감정을 접고 있는 그대로 묘사할 수 있는 능력이 요구된다. 진정 통찰의 길은 버리고, 벗고, 지우고, 치우고, 없앴을 때 더 잘 보이는 비움의 길인 듯싶다.

관찰의 세계에서 통찰의 기회는 준비된 자에게만 포착된다.

마지막으로 경험인의 눈을 가진 전문가가 통찰을 어떻게 키우는지 살펴보자.

여기에 순찰 중인 경찰관이 있다. 맞은편에서 오고 있던 한 청년이 경찰과 눈이 마주친다. 그 시민은 당황한 기색이 역력하면서 뒷걸음질 치며 걸어왔던 방향으로 뛰기 시작한다. 경찰은 두말할 것 없이 뒤를 쫓는다. 무전으로 비상사태를 알리면서 주변의 도움을 청한다. 소리를 질러 경고 메시지를 청년에게 보낸다. 하지만 그 청년은 아랑곳하지 않고 뛰어 근처 병원으로 들어간다. 경찰은 병원 내 인파 속에서 그 청년을 찾아내고 재빠르게 제압한다.

여기까지 보면 경찰이 굉장히 노련한 베테랑으로 보일 수 있다. 왜냐면 경찰을 본 범죄자의 대다수가 그 자리를 피하고 싶어 한다는 심리를 경찰들은 경험적으로 잘 알고 있기 때문이다. 하지만 경험이 쌓이면 쌓일수록 일반화의 오류 또한 경험하게 된다.

여기에 한 청년이 있다. 그는 방금 어머니가 입원한 병원에 문병을 갔다가 집으로 가는 길이다. 이어폰을 꽂고 음악을 들으며 가는 길에 전화를 받는다. 어머니가 갑자기 위급하다고. 청년은 사색이 되어 돌아왔던 길을 거슬러 병원을 향해 뛰기 시작한다. 그는 가쁜 숨을 몰아쉬며 병원으로 뛰어들었고 곧 영문도 모른 채 경찰에게 제압을 당하였다. 그에게 들린 말은 "당신은 묵비권을……."

앞의 경우는 한 가지 사건을 두 사람의 관점으로 나누어 살펴보았다. 이 상황은 두 사람(경찰과 청년)이 눈이 마주치는 시점에 서로 다른 자극물에 의해 오해가 발생한 것이다. 다소 희극적인 부분은 있지만 어설픈 경험이 초래할 수 있는 황당한 상황에 대한 일화로 일반화된 경험이 경우에 따라 얼마나 큰 오류를 범할 수 있는지를 잘 보여주고 있다.

여기에 또 한 명의 경찰이 있다. 그는 순찰차를 타고 이동 중이다. 신호 대기 중에 우연히 옆에 선 고급 세단을 발견하게 된다. 상대 운전자는 차 문을 열고 담배를 피우고 있었다. 근데 그 사내는 담배의 재를 옆 시트에 터는 것이었다. 경찰은 곧 차 번호를 조회해 그 차가 도난 차임을 확인하고 범인을 체포한다.

이 상황은 어떠한가? 경찰은 고급 세단 내에서 담배를 피우는 운전자가 일차로 신경이 쓰였다. 다수의 일반인이 자가용 내에서(차가 고급 차일수록 더) 흡연하는 것을 꺼리기 때문일 것이다. 근데 운전자는 도를 넘어서 담뱃재를 함부로 다루었다. 경험이 풍부한 경찰은 곧 두 가지를 추론한다. 금지 약물을 복용하였거나 훔친 차이거나. 그래서 경찰은 일차로 차량 번호를 조회해 보았고 그 결과 도난 차임을 확인하고 일을 깔끔하게 마무리한 것이다.

경험이 만들어내는 통찰은 다양한 문제해결의 실마리를 제공한다. 또한, 직접 체험한 경험을 주변 사람들과 공유하면서 더욱 폭넓은 통찰을 경험할 수 있다. 이렇듯 젊어 고생은 사서도 한다는 말과 같이 다양한 경험이 주는 가치는 언제 어디서 어떻게 불쑥 나타나 나에게 큰 도움을 줄지 모르는 일이다.

앞서 삼인삼색에 대한 이해가 필요하다고 언급했다. 지금까지 삼인이란 세 가지 유형에 관해 살펴보았다면 다음으로 문제해결을 위한 세 가지 유형의 사고 방법인 삼색에 대해 살펴보자.

사고를 하는 방법은 여러 가지가 있다. 사고는 어떤 사물이나 상황에 대해 생각하고 궁리하는 것을 의미하며 문제해결을 위한 사고 방법에는 순서가 있다. 그것이 바로 삼색이다.

우선 문제해결을 위한 사고의 첫 단계는 문제에 대해 깊이 생각하고 이치를 따지는 사색의 단계로 시작한다. 이는 문제를 정확하게 규명하는 단계이다. 문제에는 하나를 중심으로 순차적으로 일어나는 유형과 다양한 원인에 의해 산발적으로 일어나는 유형이 있다. 문제를 규명한다는 것은 주변 환경을 면밀히 살펴보고 무엇이 해결되어야 다른 문제들도 순차적으로 해결될 수 있는지 찾는 것이다.

사색의 단계 다음이 탐색의 단계이다. 이는 드러나지 않은 문제의 원인을 찾아내거나 밝히기 위해 주변을 살피는 단계이다. 즉 문제를 규명하고 난 후에 문제의 원인을 찾는 단계인 것이다. 문제의 원인은 외부 요인과 내부 요인으로 나누어지는데 외부 요인은 개인의 노력으로 통제가 어려운 부분 즉 유가, 환율, 전염병 발생, 대형사고, 자연재해 등이 있고 내부 요인은 스스로에 의해 통제가 가능한 부분 즉 일상에서 자신의 의지로 바꿀 수 있는 모든 것들이 포함된다.

문제의 원인을 탐색해 찾아낸 후에는 문제해결을 위한 사고의 유형인 모색의 단계에 돌입한다. 모색이란 일이나 사건 따위를 해결할 방법이나 실마리를 더듬어 찾는 것을 의미한다. 문제의 원인이 파악된 후에는 문제를 해결하기 위한 구체적 방법을 찾아야 한다. 방법을 찾기 위해서는 효율과 효과를 따져 최대한 전략적인 모색이 필요하다. 뒷부분에 효율과 효과의 극대화를 위한 전략적 방법에 대해 언급하겠다.

문제해결을 위한 세 가지 유형의 사고 방법

Solution_ 통찰력은 창의력의 엔진

통찰이 중요한 이유는 결국 통찰은 가진 사람이 세상에 없는 이론과 사물을 창조해 내기 때문이다. 더불어 통찰을 가진 사람은 이론과 이론과의 관계, 사물과 사물과의 관계, 사람과 사람과의 관계 등을 명확히 파악해 내는 심리적인 능력을 가지고 있다.

학계에서 '전문성은 전이가 되는가?'에 대한 연구가 활발히 진행되었다. 이는 한 분야의 전문가가 다른 분야에서도 실력을 발휘하는가에 관한 의문에서 시작했다. 초기 연구에서는 전이 가능성이 희박하다는 결론이 나왔지만 최근 들어서는 전문가는 기술적인 변화에 유연하게 적응하고 인접한 관련 분야에서 기회가 있다면 빠르고 적절하게 대응 방법을 찾는 능력, 즉 통찰을 발휘한다고 보고했다. 그리고 적절한 자극물, 예를 들어 교육이나 토론 및 지적 커뮤니티 활동 등을 통해 효과적으로 전이될 수 있다고 한다. 결론적으로 전문가가 가지는 전공 분야의 통찰력은 인접 영역 또는 비인접 영역의 문제해결에 도움을 준다는 것이다.

많은 기업이나 단체, 개인이 문제해결이나 아이디어 도출을 위해 벤치마킹이나 브레인스토밍, 브레인라이팅 등 다양한 모방과 창조 활동을 한다. 특히 브레인스토밍이나 브레인라이팅은 각기 다른 분야의 전문가들이 모여 하나의 사안에 대해 집중적으로 문제해결을 위한 아이디어를 제시하는 프로그램이다. 하나의 전문 분야의 문제해결을 위해 관련 분야의 전문가로 구성된 팀이 아닌 전혀 다른 분야의 전문가를 모으는 것이 의아할 수도 있다. 그러나 자신의 전문 영역에서 가지는 통찰력은 다른 전문 분야에서도 전이되어 나타나므로 훨씬 더 신선하고 즉각적인 문제해결의 실마리를 제공한다.

이러한 공동체 규모의 통찰은 집단지성의 효과를 발생시키면서 변혁과 혁신을 이끄는 원동력인 창의력을 폭발시키게 한다. 즉 통찰은 창의력을 이끄는 엔진인 것이다.

앞서 통찰력을 키우기 위해서는 삼인삼색의 능력을 키워야 한다고 언급했다. 여기서 삼인은 세 가지 유형의 관점을 가진 사람을 의미하는 것이고, 삼색은 문제해결을 위한 세 가지 유형의 사고 방법에 관한 것이다. 전문성을 지속적으로 함양하는 사람의 공통점은 자신의 전문 분야에 깊은 통찰력을 가진다고 할 수 있다. 이러한 통찰력은 다른 전문 분야로도 전이되어 다양한 문제해결과 아이디어를 창출하는 능력으로 나타난다. 그렇기에 휴먼브랜드의 존재의 전제가 신뢰라면 휴먼브랜드의 자격의 조건 중 가장 선행되어야 할 부분이 전문성이다.

12

전문 관리

- 전문가로 거듭나기 -

휴먼브랜드의 자격의 조건 중 가장 먼저 길러야 할 특성이 전문성이다. 그렇기에 지속적으로 전문성을 향상시켜야 휴먼브랜드로서 영향력을 강화할 수가 있다. 어느 분야건 지속적으로 향상시킨다는 것은 매우 어려운 일이다. 새로운 기술, 지식, 경험 등이 축적되면서 단단하게 전문가로 거듭나게 해주는 것이다. 그렇다면 전문성의 지속적 향상을 위해서는 어떤 남다른 노력이 필요할까?

본 책에서는 보다 효율적이고 지속적으로 전문성을 향상시키기 위한 방법에 대해 네 가지의 F로 시작되는 키워드를 제안한다.

Fulloptimization Challenge 최적의 조건
Flow Experience 몰입의 경험
Feed Back 적절한 반응
Failure Tolerance 실패의 내성

첫째, 최적의 조건Fulloptimization Challenge은 목표 설정 단계에서 가장 적절한 목표 설정이 중요하다는 것을 말한다. 전문가가 되기 위한 목표 설정 단계에서 너무 멀고 높은 목표거나 너무 쉽고 평범한 목표 설정은 적절치 못하다. 최적의 조건은 '어렵지만 실현 가능한 수위에서의 도전'이 가장 효율적이다. 전문성을 향상시키기 위한 최적의 도전 목표는 개인적인 난이도와 중요도가 가장 높은 과제로 남들이 하지 못한 영역에 자신의 역량을 확장시켜 최고를 넘어서 최초가 되는 오리진origin을 향한 도전이다.

둘째, 몰입의 경험Flow Experience은 어느 한 분야에 미친 듯이 몰두하여 깊이 있게 관여하는 집중의 상태를 경험하는 것을 말한다. 전문가로 영향력이 커진다는 것은 그 분야에 몰입하는 시간과 비례할 것이다. 몰입의 경험은 자신이 도전에 대한 정서적 즐거움이고, 더 나아가 중독성을 가질 정도로 치명적이어서, 반복하고자 하는 행동으로 나타난다. 그래서 더 깊이 있는 전문성을 갖추게 되는 것이다.

셋째, 적절한 반응Feed Back은 목적지를 향해 전속력을 내도록 도와주는 안내판과 같은 역할을 한다. 피드백은 현재 개인에 능력에 대한 평가를 바탕으로 전문성을 강화하는 데 중요한 역할을 한다. 다양한 피드백 경로를 통해 역량을 강화할 수 있는 진보적 평가로 이끌 수 있다면 개인의 전문성은 지속적으로 향상되리라 기대한다.

마지막으로 실패의 내성Failure Tolerance은 작고 사소한 실패를 통해 내성을 길러야 함을 의미한다. 실패에 대한 걱정이나 두려움을 떨쳐버려야 더 큰 도전 앞에서 망설임이나 주서함이 없다. 도전 없이는 시행착오도 없고 성공도 없다. 전문성을 키운다는 것은 끊임없는 노력과 도전의 연속이다. 페달을 밟지 않으면 넘어지는 자전거처럼 쉼표는 있어도 마침표는 없는 긴 여정이다.

전문성 있는 휴먼브랜드가 되기 위한 실천 방법 10가지

자기 인식

1. 전문가가 되기 위한 고행의 길을 흔쾌히 즐겨라
2. 정상은 없다. 단지 정상으로 가는 길만이 있다는 것을 명심하라
3. 열정과 냉정의 밸런스를 조절하라
4. 결과에서의 만족보다는 과정에서의 만족을 찾아라
5. 마침표는 없다. 단 쉼표를 자주 찍어라

자기 통제

1. 구체적 목표와 실천 계획을 세워라
2. 지식과 기술을 제공받을 수 있는 다양한 채널을 확보하라
3. 통찰을 가질 수 있도록 다양한 경험을 사라
4. 달성된 성과에 적극적 피드백을 통해 장단점을 명확히 이해하라
5. 성과관리를 통해 더 큰 성과를 창출하라

전문 관리 체크리스트 20 항목

2		전문성 질문지 Professionalism Questionnaire	전혀 아니다	아니다	보통이다	그렇다	매우 그렇다
			1점	2점	3점	4점	5점
1	역량강화	귀하는 자신의 부족함을 부끄러워하지 않고 인정하고 개선하려고 하는가?					
2		귀하는 자신의 전문분야 역량을 강화하기 위해 지속적으로 노력하는가?					
3		귀하는 자신이 더욱 성장하기 위해 무엇이 더 필요한지 알고 있는가?					
4		귀하는 자신의 능력을 성장시키기 위해 어떠한 수고스러움도 극복하는가?					
5	성과창출	귀하는 자신의 전문 분야에서 주변 사람들의 인정을 받는가?					
6		귀하는 자신이 맡은 분야에서 재무적인 성과를 올리는가?					
7		귀하는 자신이 책임진 전문 분야에서 정성적 가치를 올리는가?					
8		귀하는 자신의 전문 분야에서 탁월한 업적을 남겼는가?					
9	쾌통	귀하는 어려운 도전 앞에서 희열을 느끼는가?					
10		귀하는 쉬운 일보다 도전 가치가 있는 일에 더욱 몰입을 하는가?					
11		귀하는 중요하고 필요하다고 생각하는 분야에서는 어떤 고통도 감수하는가?					
12	열정	귀하는 자신이 가치 있다고 생각하는 분야에서는 열렬한 애정을 가지는가?					
13		귀하는 자신의 전문 분야에 대해서는 누구보다 더 열렬한 마음을 가지는가?					
14		귀하는 자신의 전문 분야에 대한 몰입의 강도와 시간이 높게 나타나는가?					
15	통찰	귀하는 자신의 전문 분야에서 하나를 보면 열을 안다고 자부하는가?					
16		귀하는 상황을 쉽게 판단치 않고 면밀히 관찰하여 조심스레 유추하는 편인가?					
17		귀하는 보이는 것 이상을 보기 위해 다양한 주변 지식을 쌓기 위해 노력하는가?					
18	선문M	귀하는 전문성을 지속적으로 높이기 위한 구체적인 플랜을 가지고 있는가?					
19		귀하는 분야 전문가들과 지속적 교류를 통해 시장의 흐름을 파악하고 있는가?					
20		귀하는 자신의 전문 지식이나 기술을 높이기 위해 구체적 방법을 모색하는가?					

신뢰성	전문성	리더십	매력성	독특성	친밀성
진정성 성실성 일관성 개방성 리스크 관리 신뢰 관리	쾌통철학 열정 성과 창출 역량 강화 통찰 전문 관리	**리더십 피라미드** **카리스마** **동기부여** **지적 자극** **개별적 배려** **리더십 관리**	매력 지수 나이 관리 페이스 관리 보이스 관리 패션 관리 매력 관리	아이덴티티 자존감 경험 히스토리텔링 리포지셔닝 경쟁우위	관점 획득 자기 개방 소통 유머 인맥 관리 애착 관리

PART 4

리더다움/Leadership

— 한발 앞서 리드하라

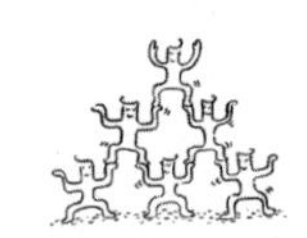     

휴먼브랜드는 대중에게 막강한 영향력을 행사하는 존재이다. 그들은 높은 인지도와 선호도를 바탕으로 대중의 삶 속에 깊숙이 파고들어 의식적이든 무의식적이든 그들의 생각과 행동을 리드한다. 휴먼브랜드란 존재는 필연적으로 리더로서의 기질을 가져야 한다. 대중은 일시적으로 유명인에게 관심과 사랑을 보여줄 수 있다. 하지만 지속적인 관심과 사랑은 존중과 존경의 관계에서 더욱 굳건해진다. 그를 통해서 내 삶이 더 행복해지고 더 가치가 있다고 판단될 때 인간은 관계를 지속하고자 한다. 휴먼브랜드가 지속적인 영향력을 행사하기 위한 필수적인 조건 가운데 하나가 리더로서의 역량을 키우는 것이다.

인간은 둘 이상만 모여도 그 중 반드시 리더가 존재한다.

본 장에서는 휴먼브랜드가 리더로서 가져야 할 덕목들은 어떤 것들이 있으며, 이것들은 어떠한 방법으로 만들어지고 강화되는지 살펴보고자 한다.

13

리더십 피라미드

- 도달 위치에 따라 사전 준비가 달라야 한다 -

여행을 떠나기 전에 짐 꾸러미를 챙겨 본 경험이 있을 것이다. 여행 기간이나 여행 장소 여행 경비에 따라 짐의 크기나 내용물은 천차만별이다. 여행 기간이 길수록 짐의 개수와 부피는 늘어나고 여행 장소에 따라 내용물의 차이도 다양하고 여행 경비에 따라 사소한 것들까지 챙기게 되면 여행 짐 꾸리기는 즐거움에서 중노동에 이르기까지 다양하게 나타난다.

여행에 앞서 짐을 챙기는 일은 설레기도 하지만 준비가 철저하지 않으면 낭패를 볼 수 있기에 신중해야 한다.

리더십도 마찬가지이다. 내가 도달하고자 하는 위치나 등급에 따라 준비해야 할 리더십 역량도 다르게 나타난다. 초심을 잃지 않는 것은 매우 중요하지만, 초심 시절의 역량에 변화가 없다면 리더로서의 성장을 기대하기 어렵다. 성실하기만 한 사원이 아닌 과장, 부장 그 이상으로 역량을 확장하여 키워나가야 한다.

리더십 피라미드는 사회적으로 존재하는 다양한 직급에 따라 요구되는 핵심 역량을 6단계 직급별 25개 핵심 리더십 역량으로 구조화한 모형이다. 이는 하버드대학과 삼성인력개발원에서 제안한 모형을 토대로 IMMI통합경영연구원에서 보다 현실에 맞게 리뉴얼하였다.

휴먼브랜드의 인지도를 높이기 위해서는 강력한 리더십이 요구된다. 현재 위치와 상황에 따라 필요한 리더십 유형은 다르게 나타난다. 조직의 규모와 특성에 따라 필요한 역량이 다르기 때문에 성장을 거듭할수록 필요한 리더십 역량에 대한 이해와 실천이 따라야 한다. 리더십 피라미드에서 제안하는 직급은 6단계로 구분되고 리더십 역량 요인은 총 25개로 나뉘어 세부적으로 설명한다.

직급 구분의 6단계는 셀프 리더, 파트 리더, 팀 리더, 사업 리더, CEO, 창업주로 구분된다. 단계별 특성과 필요한 리더십 요인에 대해 살펴보자.

셀프 리더

셀프 리더는 신입사원에서 대리급 리더로서 개인의 역량 강화를 목적으로 한 자기 계발적 리더십이 필요한 단계이다. 무엇엔가 첫발을 내디딜 때는 자기중심적인 역량 개발이 필요하다. 삶에서 열정을 바탕으로 자신의 사회적 이미지를 하나하나 만들어나갈 시기이다. 변화된 환경에 잘 적응하면서 아이디어나 개혁적인 사고에 개방적일 필요가 있다. 더불어 자신의 분야에 업무능력을 차곡차곡 쌓아 갈 수 있도록 바닥에서부터 노력해야 한다. 더불어 어떤 종류의 일이건 상관없이 세일즈 마인드와 세일즈 역량을 강화하기 위해 노력해야 한다. 셀프 리더는 자기 스스로가 주인이자 하인이다. 그래서 자기를 상품화하기 위한 다각적 노력을 기울여야 한다. 그 노력 가운데 세일즈 역량 강화는 시대가 필요로 하는 능력이다.

셀프 리더에게 요구되는 리더십 역량은 결국엔 신뢰로 귀결된다. 사회에서 신뢰 있는 사람으로 인정받기 위해 열정과 이미지메이킹, 창의적 사고와 업무능력 함양 및 세일즈 능력과 치열한 자기 관리가 필요한 것이다.

파트 리더

파트 리더는 팀의 한 부분을 관리하는 파트장급 리더로서 동기부여를 통해 조직구조를 강화하는 리더십이 필요한 단계이다. 소규모일지언정 한 무리의 리더가 된다는 것은 책임이 따르는 일이다. 둘 이상의 사람들이 모여 함께 목표를 향해 움직일 때 서로에 의해 더 큰 가치가 만들어져야 한다. 그러기 위해서는 팀원들이 하나로 뭉쳐서 단합된 힘으로 가치를 만들 수 있도록 동기부여 시켜야 한다. 이럴 때 업무관리 능력을 바탕으로 서로에게 동기를 부여하는 부하를 육성하면서 실행력을 보여주는 리더십이 요구된다. 파트 리더에게 요구되는 리더십의 역량은 팀 조직 간의 융합을 통한 효율성 극대화이다. 하나 더하기 하나가 둘 이상의 가치를 창조할 수 있는 효율의 극대화를 통해 더 큰 가치를 만들어내는 능력이다.

팀 리더

팀 리더는 여러 팀을 관리하는 부서장급 리더로서 팀 간 화합을 통해 최고의 시너지를 만드는 리더십이 필요한 단계이다. 팀 리더에게 필요한 리더십 역량은 팀 간의 시너지를 만들 수 있도록 팀워크 구축이 선행되어야 한다. 이것을 바탕으로 팀별 책임에 따른 권한위임을 통한 성과 창출을 이루어야 한다. 이 과정에서 다양한 변화에 위기 상황에 대한 대처 능력을 키워야 한다. 팀 리더의 역량은 다양한 팀 간 최적의 조합을 통한 시너지의 발현에 있다. 팀 이기주의를 없애고 융합을 통한 더 큰 가치의 창조 방법을 전략적으로 모색하여 부서를 잘 이끌어가는 것이 팀 리더의 역할이다.

사업 리더

사업 리더는 사업 전반을 관리하는 임원급 리더로서 자원의 효율적 활용과 전략 경영을 통해 성과를 만드는 리더십 역량이 요구된다. 사업 리더에게 필요한 능력은 조직에 맞는 우수한 인재를 발굴하는 능력을 바탕으로 자원을 효율적으로 활용하는 전략 경영이다. 돌발적인 위기 상황에 대처할 수 있는 능력으로 차별화된 경쟁우위를 유지할 수 있도록 능력을 키워야 한다.

CEO 최고경영자

CEO는 기업의 경영 전반을 책임지는 전문 경영인 리더로서 기업의 미션과 비전을 설정하여 한 방향으로 이끄는 리더십 역량이 요구된다. 기업의 철학이자 나아가는 방향인 가치관을 명확하게 정립하여 조직의 충성도와 몰입도를 높여 결국엔 지속적 성장으로 이끄는 것이다. CEO는 기업의 가치관과 경험을 토대로 기업가적 통찰력을 높이고 매해 먹거리를 발굴하는 신성장 동력을 창출해야 한다. 기업이 지속적 성장을 이루기 위해서는 새로운 동력을 계속 발굴해야 한다. 신성장 동력의 성공적 안착이 지속 가능한 기업의 토대가 되며 지속적 성장을 이룰 수 있는 동력이 된다.

창업주

창업주는 기업을 최초로 창업한 리더로서 산업의 파이를 키우고 사회에 환원하는 사명감적 리더십이 요구된다. 창업주는 상징적인 존재이다. 창업주의 철학이 기업의 철학으로 이어져서 자연스레 기업문화로 정착되는 것이다. 창업주는 자신이 종사하는 산업의 파이를 키워 더 많은 일자리와 더 큰 성과와 더 높은 가치를 창출할 수 있는 사명적인 일에 몰입해야 한다. 산업의 확장은 기존 산업 내에서 기술의 발달을 통해서도 가능하고 이종 산업과의 융합을 통해서도 가능하다. 더불어 사회를 통해 성장한 기업의 가치를 일부 사회에 정당하게 환원함으로써 더 나은 사회를 만들기 위한 선순환 구조를 이어가야 한다. 창업주가 산업 확장과 더불어 다양한 사회 활동의 중요한 목적은 영속적 상생에 있다. 더 크게 성장하려면 서로 간의 연결된 가치의 상승이 필요하고 그것이 곧 모두가 행복해지는 영속적 상생으로 이어진다.

앞서 언급했듯이 직급에 따라 요구되는 리더십의 유형은 다르며,

직급이 올라갈수록 내가 우리가 되고, 우리가 모두가 되는 형태로 발전되어 간다.

현재 내게 주어진 직급에서 요구되는 리더십은 어떤 것이며 그것을 이루기 위해 어떤 노력을 해야 할지 점검이 반드시 필요하다.

Solution_ IMMI 리더십 피라미드 25

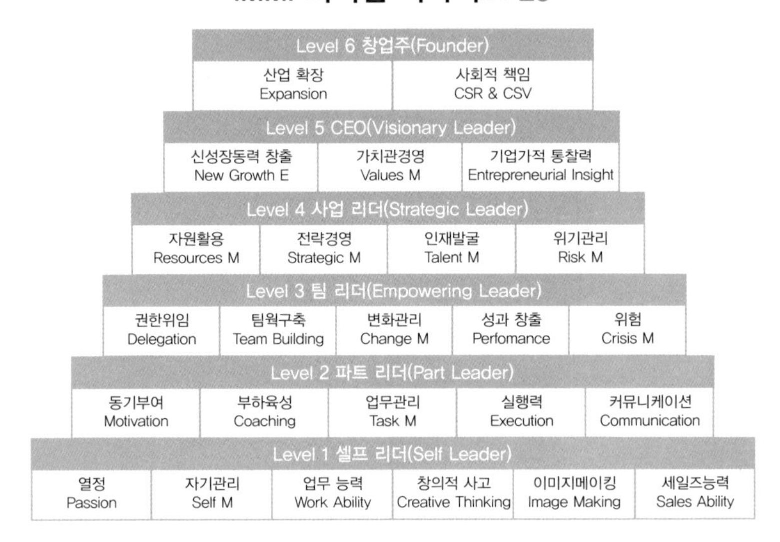

14

카리스마

- 한 방향으로 이끄는 힘 -

세상의 보편적인 진리에서 볼 때 인간은 둘 이상이 모이면 거기에는 반드시 리더가 있고 추종자가 있기 마련이다. 휴먼브랜드는 논리적인 방법으로 명확하게 입증하기는 힘드나 대중을 리드하는 힘을 가지고 있음은 분명하다. 그리고 그 힘은 커지기도 하고 소멸되기도 한다. 휴먼브랜드로서 가치를 증대시키기 위해서는 대중을 이끄는 힘을 이해하고, 이를 강화하고 유지하는 방법을 심도 있게 모색해야 한다. 휴먼브랜드가 되기 위한 노력, 더 큰 영향력을 가진 휴먼브랜드가 되기 위한 노력, 그것을 유지하기 위한 노력은 리더로서의 자질을 끊임없이 개발하여 적용하고 발전시키는 것이다.

리더는 중요하다. 그 중요성은 무엇보다 크다. 왜냐면 리더가 되는 순간 개인은 존재하지 않고 오로지 리더만이 존재하기 때문이다.

리더가 리더로서 존재하기 위한 가장 중요한 리더십 요인은 '신이 인간에게 내린 선물', '신이 주신 재능', '신의 은총'이라 불리는 카리스마charisma이다. 카리스마는 예언이나 기적을 나타낼 수 있는 초능력이나 절대적인 권위를 의미하는 그리스어 'Khárisma'에서 유래하였다. 이렇게 보면 카리스마는 인간이 범접할 수 없는 특별한 재능으로 타고날 때부터 부여받는 특별한 능력으로 비친다. 하지만 리더십은 기질적으로 타고나는 것도 분명 존재하지만, 후천적 노력으로 얼마든지 강화할 수 있다고 전문가들은 주장한다.

신이 주신 특별한 능력이란 카리스마를 인간이 어떻게 개발하고 강화하는지 살펴보자.

카리스마 있는 리더의 자질

종교적 의미에서 성령의 특별한 선물이란 모호한 의미의 카리스마는 독일의 사회학자 막스 베버에 의해 '한 인간이 보통 사람들로부터 구분되는 특징적 자질로서 초자연적이거나 초인간적인 힘이나 능력'으로 정의 내려졌다. 여기에서 보통 사람과 구분되는 특별한 자질에 대한 이해는 카리스마적 리더가 가지는 특징에 대한 세부적 설명을 가능케 한다. 즉, 카리스마적 리더가 평범한 인간들보다 어떠한 역량을 더 갖추고 있는지에 대한 해답은 인간의 진화를 돕는 구체적 열쇠를 제공할 것이다.

그렇다면 어떤 특징적 자질을 가져야만 카리스마적 리더가 될 수 있을까?

전쟁에 100만 대군을 이끌고 선봉에 선 장군이 행군을 하여 산 정상에 올랐다. 한참을 둘러 본 그가 한마디를 내뱉었다. "이 산이 아닌가 보다."

우스갯소리지만 억장이 무너지는 소리이기도 하다. 리더가 갖추어야 할 가장 중요한 자질은 정확한 방향성을 가지고 팔로워들을 한 방향으로 이끄는 힘이다. 마치 선장이 키를 잡아 방향을 설정하듯 팔로워들이 안심하고 질주할 수 있는 길을 열어주어야 한다. 그렇다면 '방향'이 의미하는 것은 무엇일까?

방향이란 현재를 바탕으로 미래에 도달해야 할 구체적 목적지에 대한 확신이다. 나침반이 없는 배는 이미 표류 상태이다. 구체적 목적지가 정해지지 않은 상태에서는 열정과 노력은 무의미한 에너지이다. 따라서 카리스마적 리더는 구체적 방향에 대한 명확한 이해와 확신을 가지고 팔로워들을 설득시킬 수 있어야 한다. 팔로워들을 한 방향으로 몰입시키기 위해서 가장 선행되어야 할 것은 생각의 방향을 통일시키는 것이다.

인간은 각양각색의 창조적 산물이다. 자라온 환경, 문화, 지적 수준 등이 천차만별인데 이들의 생각을 하나로 집결시킨다는 것은 어찌 보면 불가능에 가까운 도전이라 느껴진다. 그래서 카리스마를 신이 내린 선물이라 하였는가? 하지만 그렇지만은 않다.

생각을 한 방향으로 모은다는 것은 생각의 의도를 어디에 두냐에 따라 쉽게 이루어지기도 하고 쉽게 무산되기도 한다. 즉, 의도가 나를 향하는 것이 아니라 우리를 향한다는 신뢰가 바탕이 되면 흩어진 생각들이 자석이 이끌리듯 한 방향으로 정렬하게 된다.

수학에서 말하는 '벡터의 합'에 관한 이론이 있다. 방향 에너지의 크기에 관한 이론으로 서로 방향이 다른 두 개의 화살표의 힘은 평행사

변형을 그려 나타난 대각선의 길이와 같다는 이론이다. 즉 두 개의 화살표 사이의 간격이 좁을수록 힘의 크기가 커지듯 생각의 방향 사이의 간격(각)이 좁혀질수록 더 큰 에너지가 발생한다는 것이다. 카리스마적 리더는 팔로워들이 생각하는 방향을 일치시켜 최고의 에너지를 발휘할 수 있도록 리드해야 한다.

그렇다면 생각의 방향을 일치시키기 위한 구체적 방법은 무엇일까?

그것은 바로 명확한 가치관(철학), 즉 생각의 원칙을 정립하는 것부터 시작된다. 지금부터 가치관을 정립하기 위한 구체적 방법에 대해 설명하고자 한다. 가치관을 정립하기 위해서는 인간 본연에 대한 원초적 질문 3가지에서 시작한다.

가치관을 만드는 세 가지 질문

- **과거:** 왜 태어났는가?
- **현재:** 어떻게 살아갈 것인가?
- **미래:** 무엇이 될 것인가?

우선 왜 태어났는가에 대한 질문부터 생각해보자. 인간이 스스로 탄생을 선택할 수는 없지만 태어난 이유는 살면서 선택할 수 있다. '나는 민족중흥의 역사적 사명을 띠고 이 땅에 태어났다'는 국민교육 헌장에서 제시하는 거창한 이유는 아니더라도 인간이 태어난 이유는 다양하게 존재한다. 여기에서 자신이 태어난 이유는 타인에 의해 정의되는 것이 아니라 오로지 자신에 의해서만 정의됨을 알아야 한다. 나의 존재 이유를 규정하는 단어가 사명mission이다. 즉, 사명은 오로지 자신의 철학을 바탕으로 규정하고 지켜야 하는 것을 의미한다. 물론 주변의 지인이나 멘토의 영향에 의해 다양하게 고려는 될지언정 최종 결정은 자신의 몫이다.

그렇다면 가치관의 첫 번째 구성요소인 사명에 대한 규정은 어떻게 하는 것이 좋을까?

사명은 세상에 나란 존재가 진정성을 가지고 제공할 수 있는 진정한 가치에 대한 성찰을 통해 탄생한다.

여기 한 청소부가 있다.

"당신 여기서 무엇을 하시오?"

"보면 모르시오? 쓰레기를 주워 담고 있잖소."

다른 한 청소부는

"나는 지금 지구를 깨끗하게 하고 있소."

여기 공사장에서 일하는 노동자가 있다.

"당신 여기서 무엇을 하시오?"

"벽돌을 나르고 있소."

또 다른 노동자는

"주변 사람들의 아픔을 덜어줄 병원을 짓고 있소."

도덕책이나 윤리책에 나올 법한 이야기지만 시사하는 바는 매우 크다.

인간은 생각의 닻을 어디에다가 내리느냐에 따라 태도와 행동이 바뀐다. 똑같은 상황에서도 천국과 지옥을 맛볼 수 있다. 사돈이 땅을 사면 배가 아프다는 관점과 지인이 부자라서 내가 든든하다는 관점은 올곧이 내가 선택하는 것이다.

현상에 존재하는 사실은 땅의 명의가 사돈이란 것이다. 다만 이것을 바라보는 관점을 어디에 두느냐는 나의 태도와 행동에 큰 영향을 미친다. 즉, 우리의 행복이란 진정한 가치에 관점을 둔다면 가장 큰 수혜자는 내가 될 것이다. 사명은 이런 관점에서 규정되어야 바람직하다. 내가 존재하는 이유가 세계 인류 공영에 이바지해야 한다는 거창하고 담대해야만 하는 것은 아니지만, 진정성 있는 가치로 자기 스스로 몰입하고 또한 상대의 신뢰를 얻을 수 있다면 충분히 심혈을 기울일 가치가 있다.

다음으로 어떻게 살아갈 것인가에 대한 질문을 생각해보자.

이것은 살아가는 방법에 있어서 명확한 원칙과 기준을 설정하는 것이다. 즉 의사결정을 할 때나, 태도를 취할 때, 실행을 할 때 이정표가 되는 기준을 의미한다. 인간은 살아가면서 다양한 상황에 노출이 되고 그때마다 의사결정을 고민하게 된다. 어떻게 하는 것이 가장 좋을까에 대한 고민은 그때그때 다른 결정을 야기하기도 한다. 이것은 인간이 가진 상황 적응력이라 포장할 수도 있지만, 실상은 원칙과 기본이 명확하지 않음을 의미하기도 한다. 물론 상황에 따른 유연한 대처는 매우 전략적이기도 하지만 유연성이 지나쳐 형체가 명확하지 않다면 상대의 신뢰를 얻기가 힘들 것이다. 인간이 살아가면서 세워두어야 할 명확한 원칙과 기준을 핵심 가치core value라 한다.

그렇다면 가치관의 두 번째 구성요소인 핵심 가치core value에 대한 규정은 어떻게 하는 것이 좋을까?

앞서 핵심 가치는 인생을 살아가는 이정표와 같다고 했다. 갈림길에서 이정표는 의사결정과 실행에 즉각적인 도움을 준다. 중요한 것은 이정표에 표시된 내용이 인생의 명확한 원칙과 기준을 제대로 반영하였는가의 문제이다.

핵심 가치는 살아가는 동안 가장 중요하게 여기는 가치에 대한 성찰을 통해 탄생한다. 인간은 저마다 중요시하는 것들이 다르다. 먹는 것에 가치를 두는 이, 여행에 가치를 두는 이, 사람과의 관계에 가치를 두는 이, 성공에 가치를 두는 이, 취미생활에 가치를 두는 이 등 다양한 사람들이 존재한다. 여기에는 하찮거나 쓸모없는 것은 없다. 하지만 인생의 궁극적인 목적이 행복 추구라는 관점에서 중요도는 확연한 차이가 있다.

먹는 것에 가치를 두는 사람의 행복은 단지 먹는다는 것만은 아니다. 인생을 살아가면서 좋은 음식을 내가 원할 때 건강하게 오래오래 먹을 수 있을 때 진정 지속적인 행복을 누릴 것이다. 더 나아가 좋은 음식을 좋은 사람과 나눌 때 행복은 배가 될 것이다. 이런 사람은 좋은 음식을 먹기 위한 주변 여건을 만드는 데 집중해야 할 것이다. 비싼 음식값을 지불할 능력을 키우거나, 아니면 음식을 스스로 만들기 위해 요리를 배우거나, 싸고 맛있는 음식점을 찾기 위해 발품을 파는 등의 다양한 노력을 할 것이다. 더불어 맛난 음식을 오랫동안 즐기기 위해 건강한 몸을 만들기 위한 노력도 병행될 것이다. 불어난 체중을 관리하기 위해 식이요법이나 운동을 병행하거나 또는 건강보조 식품이나 다이어트 약품을 통해 건강한 몸을 만들기 위해 노력할 것이다. 이렇듯 먹는 것에 관심을 두는 이는 단지 음식에만 집착하는 것이 아니라 다른 중요한 핵심 가치들이 병행되어야 지속적인 행복을 유지할 수 있다는 것이다. 여기에는 음식과 더불어 건강, 관계, 성공 등의 핵심 가치가 공존하는 것이다.

이렇듯 핵심 가치는 개인이 살아가는 동안 가장 중요하게 생각하는 것을 지속적으로 유지하며 살아가는 데 필요한 기준들이다.

자신의 핵심 가치에 대해 깊이 생각해 본 적이 있는가?

저자는 어떻게 살아갈 것인가에 대한 성찰을 통해 나만의 핵심 가치를 규정하였다. '모든 일에 가치를 창조하는 사람이 되자.'

The Value Creator. 거창하게 들릴지도 모르나 실상은 크든 작든 하는 일에 의미를 부여하고 최대한의 가치를 만들 수 있도록 최선을 다하자는 소박함이 내포되어 있다. 그렇다면 여기에서 가치란 무엇을 의미하는 것일까?

저자는 오랜 시간 동안 가치를 창조한다는 것에 집중했고 어떤 가치를 창조해야 궁극의 행복에 도달할 것인가에 몰입했다. 그래서 가치의 정의를 6가지로 규정하게 되었다.

- V : Variety 다양한 내용 – 전달할 수 있는 다양한 컨텐츠의 발굴과 전파를 통해 마르지 않는 샘물과 같이 세상을 풍요롭게 만든다.
- A : Advantage 우월한 혜택 – 느낄 수 있는 우월한 혜택을 제공해 더불어 가치 있는 삶을 영위한다.
- L : Lead 경쟁의 선두 – 우위를 차지할 수 있는 가치제안을 통해 지속적 경쟁 우위의 성장을 돕는다.
- U : Use 유용한 쓰임 – 유용하게 사용될 수 있는 실현 가능한 제안을 통해 실전에 필요한 성장을 돕는다.
- U : Uniqueness 독특한 차별 – 차별화된 독특성을 개발하여 성장 원동력으로 활용할 수 있도록 지원한다.
- E : Entertainment 재미와 감동 – 삶에 재미와 감동이란 요소를 삽입시켜 더욱더 행복하고 열정적으로 살 수 있도록 추구한다.

어떻게 살 것인가에 대한 저자가 생각은 여섯 가지의 VALUE에 집약되어 있다. 매 순간 이런 가치를 만들기 위해 노력하는지에 대해 자문自問하고 자문諮問한다. 살아가는 방법에 대한 확실한 이정표인 핵심 가치는 내가 어떻게 생각하고 행동할지에 대한 명확한 방향을 알려줄 것이다.

마지막으로 미래 무엇이 될 것인가에 대한 질문을 생각해보자.

이 질문은 어려서부터 성인이 될 때까지 일상에서 흔히 듣게 되는 질문이다. 즉 미래의 꿈에 관한 것이기에 주변에서 항상 관심을 가지고 되묻는 질문이기도 하다. 그렇다면 왜? 사람들은 다른 사람의 꿈에 대해 관심이 많은 것일까? 그것은 상대가 꾸는 꿈을 통해 그 사람을 이해하고 예측할 수 있기 때문일 것이다. 현재 이 사람이 무엇을 위해 시간과 노력을 투자하는지, 어떤 가치를 소중히 생각하는지, 어떤 존재가 되길 희망하는지가 이 질문을 통해 대략적으로 추측할 수 있기에 단순한 질문 하나로 쉽게 해답을 얻으려 한다.

하지만 막상 이 질문에 선뜻 대답할 수 있는 사람은 몇이나 될까? 물론 어린 시절엔 막힘없이 대통령이니, 과학자니, 연예인이니 하면서 자신의 꿈을 명확하고 쉽게 얘기한다. 하지만 시간과 더불어 많은 경험을 하고 환경을 이해하고 걸림돌을 눈치채면서부터 꿈이 바뀌거나 형체가 불분명해진다. 또한, 처음으로 꾼 꿈이 이루어졌다 해도 거기가 확실하게 종착역은 아니다. 다른 꿈으로 가기 위한 간이역이 될 수도 있고 다양한 꿈을 꿀 수 있는 플랫폼일 수도 있다. 어찌 되었건 명확한 꿈을 꾼다는 것은 변화무쌍한 삶의 현장에서 등대와 같은 존재임은 분명하다. 설령 등대가 바뀔 수 있다 하더라도 현재 최선을 다할 근거가 되기에 꿈은 명확하게 설정해야 한다.

그렇다면 비전은 어떻게 정해지는 것일까?

비전은 나의 꿈이다. 꿈은 내가 꾸고자 하는 대로 이루어질 수 있다. 그렇기 때문에 진정 꿈꾸고 싶은 꿈을 찾아야 한다. 생각만 해도 마음이 설레고 주먹에 힘이 들어가며 눈빛이 빛날 수 있는 원대하고 가슴 뛰는 목표를 찾는 것이다. 이러한 가슴 떨림은 무의식에 존재하는 에너지까지도 꿈틀거리게 만든다. 밤을 지새우더라도, 밥을 먹지 않더라도, 설령 당장 대가가 없더라도 엄청난 몰입과 열정을 만들어낸다. 더불어 비전은 자신에게는 가슴 설레는 원대한 목표임과 동시에 타인에게는 긍정적으로 공감할 만한 가치가 있어야 한다. 아니면 그 가치를 설득을 통해 이끌어낼 수 있어야 한다. 그래야만 시간과 노력의 투자에 대해 스스로에게도 타인에게도 인정받을 수 있다.

결국, 세상은 공감하는 꿈들이 이루어지는 과정을 통해 풍요롭게 된다고 볼 수 있을 것이다.

여기 비행기를 조종하는 한 기장이 있다. 그는 이륙 직후에 커다란 위기를 맞게 된다. 바로 새 떼와 충돌하여 비행기 엔진에 심각한 문제가 발생한 것이다. 그는 직감적으로 회항하는 것이 무리라는 것을 깨닫고 최소의 피해로 최대의 인명을 구할 방법을 찾아야 했다. 그가 찾은 방법은 강 위에 비행기를 안착시키는 것이었다.

그는 그간 체화된 모든 능력을 쏟아부어 강 위에 비행기를 추락시켰다. 기체에 물이 차 오르기 시작했다. 그는 우왕좌왕하는 승객들을 큰 소리로 제압하며 모두 살기 위해서는 자신의 말을 따르라고 권고한다. 그러면서 승객의 번호를 외치며 비행기 날개 쪽으로 탈출을 도왔다. 자칫 균형이 무너져 비행기가 기울 것을 예상하여 승객을 양쪽으로 분산 배치하여 탈출시켰다.

그는 승객들이 모두 탈출하였는지를 최종적으로 두 번이나 점검하고 마지막으로 비행기에서 나왔다. 승객들이 탈출하는 데 걸린 시간은 고작 2분이었고, 155명의 승객은 모두 무사히 구조되었다. 이후 많은 언론에서 그의 공적을 높이 세우며 영웅 내섭을 했지만, 그는 자신이 아닌 다른 동료들이 이 상황을 겪었더라도 이같이 행동했을 거라면서 겸손하게 응했다. 그는 절체절명의 위기에 침착하고 노련한 리더십으로 많은 생명뿐만 아니라 세상에 커다란 귀감을 선물하였다. 그는 '허드슨강의 기적'을 만들어낸 유에스 에어웨이 소속의 기장 체슬린 술렌버거(57)이다.

슐렌버거는 기장으로서 명확한 사명을 가지고 승객의 안전을 최상의 핵심 가치로 삼으며 편안하고 안락한 여행 파트너로서의 미션을 정확하게 수행한 것이다. 2014년 세월호 참사의 기억을 떠올리면 선장의 카리스마 리더십의 중요성을 소름 끼치게 실감할 수 있다.

Solution_ 휴먼브랜드의 카리스마

카리스마 있는 리더는 팔로워들을 한 방향으로 이끌 수 있는 강력한 에너지를 가져야 한다. 그러기 위해서는 개인 생각의 틀인 가치관을 한 방향으로 정렬하는 능력이 있어야 한다. 내가 속한 크고 작은 커뮤니티 속에서 명확한 사명을 규정하고 실천을 위한 기준인 핵심 가치를 정립하여 미래의 꿈인 비전을 향해 달려갈 수 있도록 지독하고 정성스럽게 장려해야 할 것이다

카리스마의 진가가 발휘되는 순간은 언제일까? 심리학자 매슬로우는 인간의 욕구계층설을 역설하면서 하층 욕구가 해소되어야 상층욕구가 생긴다고 했다. 그가 말한 하층 욕구는 첫째가 생리적 욕구이고 둘째가 안전의 욕구이다. 하층 욕구의 공통점은 인간의 생존과 직결된다는 것이다. 인간이 극한의 생존 위협을 느끼게 되면 이성적인 판단보다는 본능에 이끌려 행동하게 된다. 이런 시점에 본능적으로 주변 사람을 이끄는 힘인 신이 부여한 능력, 즉 카리스마가 발휘된다.

난세에 영웅이 난다고 했던가. 위기 상황에 직면했을 때 그 위기를 최소화하여 빠르게 극복하는데 필요한 에너지가 바로 카리스마이다. 비단 위기 상황이 아니라도 카리스마는 세상에 유용한 영향력을 펼치기 위해서는 늘 준비하고 훈련해야 한다.

신이 준 선물이란 말은 그만큼 값지고 필요하다는 뜻일 것이다.

15

동기부여

- 인간이 움직이는 이유이자 그것을 멈추지 않는 이유 -

리더십 특성 가운데 동기부여 요인은 매우 중요하다. 동기는 인간을 움직이는 이유이자 그 움직임을 지속시키는 이유에 대한 해답을 제공한다. 그 해답을 아는 휴먼브랜드가 대중을 움직이는 영향력을 발휘하기 때문이다.

저자가 《휴먼브랜드 전략36계》를 집필하던 도중 방대한 양과 오랜 집필에 지쳐있을 때 스스로에게 동기부여가 필요했다. 그래서 동기부여에 관해 깊이 연구하기 시작했다. 모티베이션은 매우 거대한 학문의 영역이었고 배우면 배울수록 더욱 깊이 있고 중요하게 다가왔다. 그래서 이 책의 집필을 잠시 중단하고 모티베이션에 관한 책을 먼저 집필하게 되었다. 저자 또한 인간이다 보니 길고 어렵고 힘든 여정 가운데 재미있고 흥미로운 모티베이션은 단비 같은 선물이었다. 그래서 짧은 기간 집중해서 《모티베이션 10.0》이란 책을 완성하여 출판하게 되었다.

본 장에서는 출판된 저자의 책을 바탕으로 동기에 관해 간단히 서술하고자 한다. 더 심도 있는 정보를 원한다면 꼭 《모티베이션 10.0》을 정독하길 추천한다.

여기 한 젊은이가 죽어서 신과 대면하게 되었다. 신은 온화한 모습으로 젊은이에게 원하는 것을 물었다. 젊은이는 평소에 갖지 못했던 멋진 집과 스포츠카를 원했다. 신은 흔쾌히 수영장이 딸린 대저택과 최신 스포츠카를 주면서 언제든 필요한 것이 있으면 찾아오라고 했다. 신이 난 젊은이는 대저택에서 호화로운 생활을 하며 스포츠카를 타고 신나게 놀았다.

조금 무료해진 젊은이는 신을 찾아 예쁜 여자 친구를 부탁했다. 신은 동서양 최고의 미녀들을 여자 친구로 보내주었다. 아름다운 미녀에 둘러싸인 젊은이는 향락의 세월을 보냈고 술과 기름진 음식에 취한 그는 살이 점점 찌기 시작했다. 다시 신을 찾은 젊은이는 운동을 할 수 있도록 부탁했다. 하지만 신은 운동 대신에 운동으로 다져진 멋진 몸을 주었다. 그는 땀 한 방울도 흘리지 않고 멋진 몸을 가질 수 있어 신기하고 즐거웠다.

향락에 오랜 세월을 보낸 그는 더욱 무료함을 느껴 읽을 수 있는 책과 공부할 수 있는 도구를 신에게 부탁하였다. 신은 책과 도구 대신에 그에게 명석한 두뇌와 풍부한 지식을 주었다. 그는 책 한 장 보지 않아도 아주 박식한 사람이 되어 있었다. 젊은이는 스스로 원하기만 하면 다 이루어지는 세상에 살고 있는 것이었다. 문득 젊은이는 자신의 노력 없이 주어지는 것들에 대해 불편을 느끼기 시작했다.

그는 신에게 찾아가 작은 일이라도 좋으니 자기 스스로 해보겠다고 제안했다. 하지만 신은 단호했다. 필요한 것은 무엇이든 줄 테니 스스로 찾을 생각은 하지 말라는 것이었다. 갑자기 답답함과 무료함이 엄습해 온 젊은이는 신에게 간곡히 부탁했다. 잠깐이라도 좋으니 작은 나무라도 한 그루 내 손으로 심게 해 달라, 아니면 저녁 식사라도 내가 손수 만들 수 있게 도와달라고 말이다. 신은 그의 부탁 대신에 멋진 정원과 최고급 요리사를 주었다. 그 젊은이는 스스로 할 수 있는 것이 하나도 없었다. 시간이 멈춘 듯한 적막감을 견디지 못한 젊은이는 신에게 가서 항변했다. "난 여기가 싫으니 차라리 날 지옥으로 보내 달라." 그 외침을 들은 신은 이렇게 대답했다.

"어리석은 인간아! 넌 여기가 천국인 줄 알았더냐."

인간에게 있어 쾌락은 처음엔 큰 만족으로 다가오지만
점점 만족은 감소되고,
나중엔 자주 하다 보면 심지어 고통이 된다.
- 프로이드 -

세상에 모든 것들이 다 주어진다면 '동기' 즉 모티베이션이란 말은 애당초 생기지도 않았을 것이다. 목마름이란 갈증이 물을 찾게 되는 동기로 이어지고 배고픔이란 허기가 빵을 만들게 되는 동기를 제공한다. 또한, 예쁜(멋진) 이성 친구가 필요하기 때문에 미팅이나 소개팅을 하게 되고, 살찌고 탄력 없는 몸매가 싫기 때문에 헬스장에서 땀 흘리며 몸짱이 되기 위해 죽을힘을 다하는 것이다.

이렇듯 동기란 결핍에 의해 만들어진 인간의 욕구이다.

앞의 이야기는 분명 허위이지만 동기가 없는 상태, 즉 무동기 상태가 얼마나 무료하고 견디기 힘든 상태인지를 체감하게 해 준다. 무릉도원이나 파라다이스로 불리는 천국이란 어떤 곳일까? 증명할 수는 없지만, 최소한 노력한 만큼의 진실한 결과가 보장되는 세상이 아닐까 추측해 본다. 적어도 더 이상의 필요가 없는 세상은 아닐 것이란 확신은 있다. 왜냐하면 결핍에 의한 필요는 인간을 스스로 움직이게 하는 힘의 원천이고 인간은 이 힘을 이용해서 즐거움과 가치를 찾기 때문이다. 이 힘은 인간이 움직이는 이유인 동시에 그것을 멈추지 않는 이유이기도 하다.

인간을 움직이게 하고 움직임의 몰입도를 높일 수 있는 능력은 대단한 리더십 능력이다. 그렇기에 휴먼브랜드의 리더십 역량 강화를 위해서는 동기부여 능력을 높여야 한다. 본 책에서는 휴먼브랜드 리더십 역량 강화를 위한 동기부여 능력을 함양하는 10가지 동기 요인을 제안한다.

모티베이션 10.0이란?

들에 핀 꽃과 밤하늘의 별과 같이 무수히 많은 이유에 의해 인간은 행동한다. 또한, 그 행동의 강도와 기간을 스스로 정한다. 여기에서 행동의 목적은 행위의 방향을 의미하는 것이고 행동의 강도는 지속하고자 하는 에너지, 즉 힘을 의미하는 것이다. 그렇다면 행동의 방향과 에너지를 결정하는 요인들은 무엇일까?

앞서 언급한 공부로 돌아가 보자. 왜 공부를 하는가? 왜 점심시간이 훌쩍 지나서도 책을 보고 있는가? 왜 책을 사기 위해 새벽부터 줄을 서는가? 머리가 지끈거려도 왜 공부하기를 멈추지 않는가? 친구랑 차를 마시면서도 왜 공부 생각을 하는가? 왜 코피가 나는 것쯤은 대수롭지 않게 넘겨 가며 책에 열중하는가? 이런 물음에 대해 조심스럽게 답하기 위해 '모티베이션 10.0'을 제안하게 되었다.

모티베이션 10.0은 인간이 움직이는 이유와 그것을 지속하는 이유에 대한 통찰을 주고자 하는 목적을 가진다. 무엇이 행동의 이유이며, 무엇 때문에 그 행동의 강도가 변화하는가에 대한 궁극의 답에 접근하고자 만들어졌다. 우리는 행동 자체는 볼 수 있지만 왜 행동하는지, 왜 행동을 멈추는지에 대해 분명하게 설명하기는 힘들다. 행동 뒤에 숨은 이유는 쉽게 관찰되지 않기 때문이다. 모티베이션 10.0은 행동 뒤에서 배후를 조작하는 원인을 찾고자 이론과 경험을 토대로 과학적이고 감성적으로 접근하였다.

MOTIVATION의 열 가지 알파벳의 각 첫 글자를 따서 인간을 움직이는 열 가지 동기에 대해 해석하였다. MOTI의 네 개의 첫머리 글자는 외부로부터 제시되는 외재적 동기에 관한 것이고, VAT의 세 개의 첫머리 글자는 동기가 가지는 지향적 경향성에 관한 것이고, ION은 내부로부터 뿜어져 나오는 내재적 동기에 관한 것이다. 또한, 모티베이션 10.0은 순차적으로 동기적인 영향력이 더 커지는 경향성을 띤다. 즉, M에서 N까지 위계적으로 정렬되어 있어 뒤로 갈수록 더 강렬하고 중요도 또한 높아진다.

내가 행동하는 목적(무엇이 나를 움직이게 하는가)과 강도(무엇이

나의 행동을 지속하게 하는가)는 어디에서 나오는지 모티베이션의 10가지 핵심 요소를 제안한다.

MOTIVATION 10.0
M money
O object
T temptation
I incentive
V values
A approach & avoidance
T target
I image
O origin
N nature

-《모티베이션 10.0》 본론 中 -

외부로부터 날아드는 매혹적인 에너지

인간을 움직이게 하고 그것을 유지하거나 멈추게 하는 힘은 어디에서 오는 것일까? 모티베이션의 에너지 근원을 찾는 일은 언뜻 보기에는 어려운 것처럼 보이나 행동과학 분야의 연구를 통해 객관적인 경험적 증거 제시가 가능하다. 여기에서 제시되는 모티베이션의 네 가지 요인은 동기 에너지의 근원이 외부에서 활성화되어 인간 내부로 진달되는 것들이다. 즉 외부로부터 날아드는 매혹적인 에너지를 의미한다. 외부 에너지는 환경, 사회, 문화적인 근간을 두고 인간 내부로 침투하여 우리를 활성화하도록 유인하고 있다. 이러한 외재적 동기에는 어떤 것들이 있으며 이 요인들이 가지는 에너지의 방향과 강도에 대해 살펴보겠다.

가장 강하게 와닿는 요인은 뭐니 뭐니 해도 머니, 돈이다.

돈은 물질이지만 다양한 의미를 내포하고 있다. 월급, 용돈, 등록금, 연봉, 보상금, 축의금, 조의금, 위로금, 상금, 밥값 등 쓰임새와 의도에 따라 다양한 이름으로 불린다. 돈이란 단어는 많은 사람을 거쳐 돌고 돈다는 데서 유래했다고 한다. 같은 돈이지만 다른 가치와 용도로 사람들 사이에서 돌고 돌면서 다양한 기능을 하고 있다. 많은 사람이 돈을 벌기 위해 움직인다. 또한, 지속적으로 돈을 벌기 위해 움직임을 멈추지 않는다. 분명 이런 차원에서 돈은 모티베이션의 중요한 요인이다.

돈이 제공하는 가치는 사소한 것에서부터 긴박하고 중요한 것에 이르기까지 막강한 영향력으로 행동을 지휘하고 있다. 하루에 아르바이트를 세 건 이상 하는 알바생, 영업왕이 되기 위해 노력하는 세일즈맨, 중요한 계약을 앞둔 비즈니스맨, 심지어는 도박판에서 일확천금을 꿈꾸는 도박꾼에 이르기까지 돈이란 존재의 막강한 에너지 덕에 무수한 사람들이 움직이고 움직이고 또 움직인다. 앞서 언급하였듯이 돈은 분명 너무도 매력적이다. 오히려 돈 앞에서 초연한 사람은 진짜 초연한 것이 아니라, 초연한 척한다고 느낄 만큼 돈은 매력적이고 거부하기 힘든 유혹임엔 틀림없다.

돈이 동기의 첫 번째 요소로 지목된 이유도 여기에 있다. 지금도 수

많은 사람이 돈을 벌기 위해 각자의 자리에서 움직임을 멈추지 않고 있는 것이 사실이다. 심리학에서 돈과 행복의 상관관계에 대한 설명이 재미있다. 크게 두 가지의 설로 나누어지는데, 첫 번째는 돈의 양과 행복의 강도는 비례한다는 것이다. 단, 어느 수준까지만 비례하고 그 이후엔 상관이 없는 것으로 설명한다. 그 수준에 개인차는 있지만, 살아가는 데 돈에 크게 구애받지 않고 사는 수준을 유지한다는 전제가 있다. 즉 먹고사는 데 지장이 없다면 돈이 더 많고 덜 많고의 차이는 행복과 무관하다는 것이다. 두 번째는 행복은 돈과는 무관하고 타고난 유전적 기질과 상관이 높다는 것이다. 즉 같은 상황에서도 즐겁고 긍정적인 에너지를 흡수할 줄 아는 기질의 사람이 더 행복하다고 느끼는 것이다.

두 이론 모두 다 설득력이 있다. 적어도 돈이 행복에 기여하는 수준에는 차이가 있지만, 영향력은 만만치 않음을 부정할 수 없다. 우리가 움직이고 또 그 움직임을 지속하는 이유는 궁극적으로 행복하기 위해서일 것이다. 그 행복에 돈이란 동기가 자리 잡고 있다. 하지만 이 페이지를 덮기 전에 명심해야 할 것은 돈을 모티베이션의 수단으로 생각지 말고 모티베이션을 통해 창출되는 결과로 보자는 것이다. 다시 말해 돈이라는 동기 요인에 현혹되지 말고, 가치를 찾아 최선을 다하다 보면 돈은 주어진다고 생각하자. 돈을 향해 달려가는 것이 아니라 돈이 나를 따라올 수 있도록.

돈은 최선의 하인이며 반면 최악의 주인이다

- 프랜시스 베이컨 -

외재적 동기의 다른 요인들은 손에 쥐고 싶은 애물Object, 벗어나기 힘든 유혹Temptation, 외부로부터 날아드는 혹과 짭Incentive 등이 있다. 외재적 동기는 타인의 행동을 유도하고, 행동을 지속하거나 멈추게 하고, 행동의 강도를 조절한다. 하지만 외재적 동기의 부작용에 대해 우려하는 시선이 증가하고 있다. 그럼에도 불구하고 당근과 채찍으로 대표되는 외재적 동기는 충분히 매력적인 동기임엔 틀림없다.

외재적 동기인 돈, 물질, 유혹, 유인 등은 우리의 행동은 일으키고, 행동을 조절한다. 하지만 약이 독이 될 수도 있고 독이 약이 될 수도 있듯이 동기를 일으키기 위한 동기가 동기를 저해하는 동기가 되기도 한다. 외재적 동기는 흔히 흥미롭지 않거나 창의적이지 않은 일에 활력을 불러일으키는 것은 사실이다. 하지만 세상살이가 재미있고 신나는 일만 있는 것은 아니다. 오히려 흥미롭지 않은 일들이 훨씬 많다. 의무에 의해, 책임에 의해 기계적으로 행하는 것이 태반이다. 인간을 움직이게 하면서 움직임을 지속하게 하는 동기 가운데 외재적 동기는 다양한 상황에서 양날의 검과 같이 작용한다. 검을 휘두를 것인지, 검에 휘둘릴 것인지는 자신이 판단해야 할 문제이다.

동기가 지향하는 경향성

인간을 움직이게 하고 그것을 유지 또는 멈추게 하는 힘은 어디에서 오는 것일까? 여기에서는 동기가 지향하는 경향성에 대해 살펴본다. 동기가 지향하는 경향성이란 동기가 나아가고자 하는 방향에 대한 성향을 의미한다. 경향성은 동기가 가진 근본적 특성성향에 관한 설명으로, 칸트철학에서는 습관적인 감성적 욕망을 이르는 말로 풀이되곤 한다. 동기에 대한 근본적 이해를 통해 스스로에게 더욱 강력한 동기를 부여하는 방법에 대해 살펴본다.

여기에서는 Value – 가치 있는 것, Approach & Avoidance – 접근과 회피, Target – 목표 등을 제안한다. 인간은 스스로가 가치 있다고 판단되는 것에 동기를 부여하고, 원하는 것에 접근하고 원하지 않는 것을 회피하기 위해 움직이고, 목표를 설정하고 실행하면서 목표 달성을 위해 동기가 더욱 강력하게 부여된다.

내면에서 솟구치는 강렬한 에너지

행동의 원천이 되는 에너지가 외부에서 제공되는 외재적 동기와 동기가 지향하는 경향성에 대해 살펴보았다. 여기에서는 행동 에너지의 원천이 자신의 내부에서 스스로 창출하는 내면에서 솟구치는 강렬한 에너지인 내재적 동기에 대해 살펴볼 것이다. 본서에서는 내재적 동기를 디씨와 라이언Deci & Ryan에 의해 주장된 자기결정성 이론에 근거를 두었다. 자기결정성 이론에 따르면 인간의 기본적인 심리적 욕구를 세 가지로 구분하였다. A-R-C 욕구로 첫째, 자율성Autonomy 욕구. 둘째, 관계성Relatedness 욕구. 셋째 유능성Competence 욕구가 그것이다. A-R-C적 동기 요인을 요즘 시대적으로 강조하고 있는 창의와 융합이란 관점에서 재해석하여 전개하였다.

여기에서는 Image – 관계성 욕구를 충족시키기 위한 나의 이미지, Origin – 능력성 욕구를 충족시키기 위한 오리진을 향한 열정, Nature – 자율성 욕구를 충족하기 위한 자연의 순리 배움 등으로 제안하였다.

Solution_ 동기유발 vs 동기발현

사람은 무엇 때문에 움직이는 것일까?

행동 뒤에 숨은 배후를 알아차린다는 것은 쉬운 일이 아니다. 남은 물론이고 나 자신조차도 왜 이런 행동을 하는지가 의아스러울 때가 많다.

동기의 세 가지 큰 방향성은 에너지가 외부에서 제공되는 것, 에너지가 지향하는 경향성, 에너지가 내부에서 생성되는 것으로 나누어진다. 우리는 이 세 가지의 방향에 대해 알아둘 필요가 있다. 이러한 지식은 나 자신을 지속적으로 성장시키는 중요한 지혜가 될 것이기 때문이다. 동기는 무엇인가에 의해 유발될 때보다 자기 스스로에 의해 발현될 때 더욱 강력하다.

"동기는 유발하는 것보다 스스로 발현하는 것이다."

- 안은情 -

16

지적 자극

- 더 큰 하나를 얻기 위해 두 개를 양보하라 -

아주 특이한 방법으로 인사고과를 평가하는 회사가 있다. 직원들의 이름을 쓴 종이를 선풍기 바람으로 날려서 가장 멀리 간 순서대로 직급을 정한다고 한다. 그러다 보니 신입사원이 부장이 되기도 하고 이사가 평사원으로 강등되기도 한다. 누가 봐도 비합리적이고 어처구니없는 평가 방법인데 내부 직원들의 불만은 없고 업무 몰입도는 매우 높다고 한다. 그 이유는 어떤 직급이 주어지더라도 최선을 다할 것이란 회장의 믿음에 대한 전 직원들의 신뢰가 바탕 되어 있기 때문이다. 더불어 전 직원들에 대한 정년 70세, 전원 정규직, 5년마다 해외여행, 1년마다 국내 여행 등 다양한 복지제도가 탄탄히 자리 잡고 있기에 조직원들의 단합을 이끌어낼 수 있는 것이다.

이 사례는 일본의 중소기업으로 성공한 미라이공업의 야마다 아키오 회장의 이야기다. 이 기업의 슬로건인 '아이디어, 항상 생각하라'에서 알 수 있듯이 새로운 배움과 혁신에 대해 개방적이고 진취적인 기업 분위기를 엿볼 수 있다. 그 결과 자유롭게 토론하는 분위기가 만들어졌고 그런 기업문화에서 제안된 아이디어를 바탕으로 생산된 제품의 98%가 직원들의 특허에 의해 만들어졌다.

리더들은 정답을 가지고 있을 때가 많다.

중요한 것은 정답을 본인의 입으로 말하느냐 아니면 상대의 입으로 말하게 하느냐는 오로지 리더의 역량에 달려 있다. 팔로워의 숨은 역량을 이끌어내는 힘은 리더가 가질 중요한 덕목 중 하나이다.

상대의 뇌를 흔들어 상대조차도 자기 스스로에게 놀랄 수 있는 숨은 능력을 일깨우는 힘이 바로 지적 자극 능력이다.

지적 자극 요소, 멀리서 찾지 마라

지적 자극 요소는 보다 창의적이고 혁신적인 사고능력을 배양하고 이를 활용하기 위해 반드시 필요하다. 새로운 시각으로 문제를 해결하도록 새로운 아이디어와 지식을 끊임없이 자극함으로써 성장하게 되는 것이다.

대부분의 멘토나 스승들은 어떤 문제에 대한 가장 근접한 솔루션을 알고 있다. 다만 이것을 스스로의 공적으로 삼고 멘티나 제자들에게 일방적으로 알리거나 주입하는 리더들도 있고 그렇지 않은 리더들도 있다는 것이다. 전자의 특성을 가진 리더들은 자기가 세상에서 가장 잘났고 자신의 우월함을 주변에서 존중하고 따라오길 바라는 특징들이 있다. 반면 그렇지 않은 리더 – 즉 지적 자극의 필요성과 중요성의 가치를 잘 아는 리더 – 는 함부로 솔루션을 제공하지 않는다. 그들은 상대가 어떻게 해서든 솔루션에 근접할 수 있도록 끊임없이 질문을 통해 자극하며 기다린다. 마치 잡은 고기를 주는 것이 아니라 낚시하는 법을 가르치듯 말이다. 낚시를 가르치는 것은 인내와 노력과 관심이 필요한 일이다. 하지만 그 결과는 매우 만족스럽고 달콤하다. 기대 이상의 큰 물고기를 선물 받을 수도 있기 때문이다. 내가 할 수 없는 일을 해내는 멘티나 제자를 통해 더 큰 자극을 받을 수 있고 더 큰 성과를 얻을 수도 있는 것이다.

골프장을 건설하는 한 리더의 일화이다. 그는 골프장 조경을 둘러보다가 어느 한 지점에서 매우 허전한 조경을 발견하고는 거기에 나무를 몇 그루 심는 것이 좋겠다는 생각을 했다. 그러나 그는 현장 감독에게 바로 지시를 내리지 않고 현장 감독에게 질문했다.

이번 홀은 전 홀들에 비해 분위기가 좀 다른데요?
좀 단조로운 분위기를 바꾸려면 어떻게 해야 할까요?
인공적이지 않으면서 자연스럽게 표현할 방법은 뭘까요?

이런 질문을 통해 티샷에서 보이는 언덕 위에 소나무를 몇 그루 심자는 제안을 자연스럽게 유도하였다. 이런 질문은 통한 자극은 상대가 스스로 주도적으로 생각할 수 있게 도와주며, 그 생각이 결과에 반영될 때는 자부심이란 선물도 주어지게 된다. 이런 지적 자극을 통한 상대를 코칭하는 리더십은 현대사회가 원하는 주도적 가치 창출 인재를 육성하는 기본이 된다.

카나리아 한 쌍을 선물 받았다. 7살 아이에게 암수 카나리아의 이름을 지어주자고 제안했다. 아이는 처음엔 작명을 한다는 낯선 경험에 선뜻 이름을 짓지 못하고 있었다. 그때 엄마가 아이와 함께 이름을 지어보자고 제안하면서 아이에게 다양한 질문을 했다.

카나리아를 보니 느낌이 어때? – 너무 귀엽고 사랑스러워!

카나리아가 뭘 잘하는 거 같아? – 노래를 너무 예쁘게 잘해

카나리아 노랫소리를 들으니 기분이 어때? – 신나고 즐거워

그럼 신나고 즐거울 때 너는 뭐라고 하지? – 좋아~ 야호~ 룰루랄라~

엄마도 신나고 즐거울 땐 룰루랄라라고 해. – 엄마! 룰루 랄라 좋아~

엄마와 딸은 신나고 즐겁게 카나리아의 노랫소리를 들으며 룰루랄라 춤을 추었다.

그때 아이가 제안한다. "엄마, 수컷 카나리아는 룰루, 암컷 카나리아는 랄라. 어때?"

그때 엄마는 "맘속으로 난 진작에 그렇게 생각하고 있었어!"라고 하지 않고, "우리 아기 정말 이름 짓는 특별한 재능이 있구나, 룰루, 랄라 너무 멋있다. 우리 딸 최고!"라고 하면서 딸 아이를 칭찬해 주었다. 그 이후로 그 아이는 여러 사물이나 생물에 가치를 부여하는 작명을 스스로 하였고 그 감각 또한 나날이 발전되어 갔다.

엄마의 지적 자극 리더십이 아이의 숨은 능력 향상에 큰 역할을 하였다.

Solution_ 지적 자극은 두뇌의 신경세포를 증식시킨다

지적 자극은 머리를 점점 좋아지게 만들어서 지능 향상에 큰 도움을 준다. 스스로 생각의 깊이와 넓이를 증폭시키게 되는 것이다. 더불어 창의적이고 혁신적 아이디어를 다량으로 배출하게도 한다. 나이를 먹는다고 두뇌 세포가 죽는 것이 아니다. 자극이 없는 두뇌활동이 지능을 낮추는 결과를 초래하고 세상을 단조롭게 만드는 눈과 귀를 만드는 것이다.

두뇌가 받는 지적 자극물은 인간을 성장시키고 성숙시켜 자기 스스로도 자신에게 놀라는 기적을 만들기도 한다.

정답에 접근하는 다양한 갈림길을 제안하라.

그러면 내가 생각하는 정답보다 더 놀라운 솔루션을 경험하게 될 것이다!

17

개별적 배려

- 그때그때 달라요 -

신제품을 소개하는 프레젠테이션 자리에서 있었던 일이다. 키가 비교적 큰 여성 발표자가 능수능란하게 제품 설명을 마치고 개별적으로 궁금한 참가자들에게 질문을 받아 답변하는 시간을 가졌다. 이때 키가 작은 남성 고객이 다가와 여성 발표자에게 질문했다. 답변이 짧게 끝날 수 있는 질문이 아니라 편한 자리로 이동해서 앉아서 얘기를 나누자고 제안했고, 상대 남성은 흔쾌히 제안에 응하면서 편안히 앉아 눈높이를 맞추며 얘기를 나누었다. 상대방은 여성의 배려 있는 태도에 감사함을 전했고 앞으로 좋은 비즈니스에 대한 확답도 얻었다.

같은 상황에서 있었던 일이다. 키가 작은 한 남성이 다가와 제품에 대해 궁금한 점을 질문했다. 여성은 그와 서서 질문에 답변하다가 문득 그가 자신을 고개를 젖혀 쳐다봄을 느끼며 불편하실 테니 잠시 앉아서 대화를 나누자고 제안했다. 그런데 그의 반응은 의외로 불쾌함을 표현했다. 그러면서 상대 남성은 여성에게 키가 몇이냐고 물으면서 자신은 표준 키인데 당신이 너무 큰 거라며 전혀 자랑할 일이 아니라고 단호하게 얘기했다. 여성은 당황해서 본의 아닌 일이라며 사과를 했지만, 남성은 자존심이 상한 듯 불편함을 표현하고는 사라져 버렸다.

여성의 입장에서는 상대방에 대한 배려라고 한 행동이 상대의 성향이나 상황에 따라 전혀 다르게 느껴질 수 있음을 깨닫게 된 사건이었다. 그러면서 상대에 대한 배려는 상대에 대한 이해를 우선으로 해야 함을 절실히 느끼게 되었고, 사람을 이해한다는 것은 그때그때 다르게 나타난다는 것을 한 번 더 느끼게 되었다.

앞의 사례는 저자가 겪었던 일이다. 비슷한 상황에서 만나게 된 두 명의 상대는 같은 행동에 전혀 다른 반응을 보였다. 상대를 배려하고자 한 의도는 같지만 받아들이는 태도는 상대의 여러 가지 상황이나 가치관에 따라 전혀 다르게 나타난다. 그래서 배려 앞에 '개별적'이란 전제가 필요한 것이다. '상대를 위해서 그랬다'라는 의도만으로는 충분하지 않다. 상대 스스로가 진정 나를 위한 행동이라 느낄 때 배려라고 생각한다. 같은 말이지만 모르는 이야기는 정보이고 아는 이야기는 잔소리란 말에서 알 수 있듯이 아무리 좋은 이야기도 상대가 어떻게 느끼는가에 따라 배려가 되기도 하고 불편함을 유발하기도 한다.

어느 부대의 이등병이 추운 날 야외에서 찬물로 빨래를 하고 있었다.

대장이 그 앞을 지나다가 보고는 안쓰러워서 한마디 했다.

"손이 시릴 텐데 취사장 가서 뜨거운 물을 받아와서 빨래하지."

이 말을 들은 이등병은 감사를 표현하고 취사장으로 달려가서 뜨거운 물을 얻으려 했으나 군기가 빠졌다고 야단만 잔뜩 듣고 뜨거운 물을 얻지 못했다.

투덜거리며 다시 찬물에 빨래를 하고 있는데, 이번에는 그 앞을 지나는 중장이 한마디 했다.

"추운데 찬물에 빨래하지 말고 취사장에 가서 뜨거운 물을 구해 빨래하지."

이 말을 들은 이등병은 알겠다고 말은 했지만 속으로 또 야단맞을 일이 뻔했기 때문에 그렇게 하지 않았다.

이번에는 소장이 지나다가 이등병에게 명령했다.

"내가 세수를 할 것이니 뜨거운 물을 가져와라."

이 말을 들은 이등병은 쏜살같이 달려가 뜨거운 물을 구해왔다.

그때 소장이 "이 물로 빨래를 해라. 언 손은 녹일 수 있을 것이다."

모두가 이등병을 배려한 말이었지만, 이등병의 상황에 맞는 진정한 배려는 소장의 행동이었다.

상대를 배려하고자 할 때 무엇보다 고려해야 할 것이 상황과 여건이다. 같은 행동이라도 누군가에게는 진정한 약이 되지만 누군가에게는 의도와는 전혀 다르게 독이 될 수도 있는 것이다.

Solution_ 개별적 배려는 작지만 위대하다

무엇이든 과하면 독이 된다. 배려도 예외는 아니다. 과도한 배려는 편안함을 넘어서 불편함을 유발하기도 하고 때로는 의심을 갖게 하기도 한다. 정부 정책이 약자나 시민을 과도하게 배려했을 때는 게으르고 무지한 국민으로 이끄는 역효과를 발생하기도 하고 기업 내에서 직원들에 대한 개별적 배려는 창의력과 실행력을 저해하는 요인으로 나타나기도 한다.

배려가 나를 희생해서 타인을 돕는 것이다 보니 나의 희생을 역이용하는 무리가 속속 등장하기도 한다. 그래서 개별적 배려와 함께 전제되어야 할 것이 쌍방향 배려이다. 서로 간에 주고받는 배려가 더 큰 마음의 안식과 가치로 연결된다. 그러기 위해서는 내가 먼저 공감의 마음을 가지고 출발해야 한다. 나의 진정을 고스란히 느낄 때 상대도 비로소 나와 같은 마음으로 나를 바라봐 줄 것이다.

눈먼 장님이 밤길을 걸을 때 한 손에 든 등불처럼 나를 위함이 아닌 타인을 위함이란 간절함이 전달될 때 진정한 배려가 시작된다.

18

리더십 관리

- 리더로 거듭나기 -

둘이 모이면 짝을 이루고 셋 이상이 모이면 그중에는 반드시 리더가 있다는 말이 있다. 즉 세 사람이 어떤 일을 같이 하면 반드시 스승으로 배울 만한 사람이 있다는 뜻이기도 하다. 리더십을 발휘하는 리더는 언제 어디에서든 쉽게 찾아볼 수 있다. 좋은 리더와 나쁜 리더가 있을 뿐이다.

사회적 인간으로서 일반 대중들에게 막강한 영향력을 행사하는 휴먼브랜드에게 리더십은 반드시 성장시켜 나가야 할 중요한 덕목이다. 자신의 성장 단계별 필요한 리더십 유형을 잘 이해하고 성장의 도구로 삼을 필요가 있다.

리더는 혼자 고민하고 무거운 의사결정을 내려야 하며 그 결정에 책임 또한 져야 하는 막중한 임무가 부여되는 자리이다. 그래서 더 큰 도약을 위해서는 더 큰 도전이 필요한 것이다.

리더에게는 개별 공간이 부여된다. 그것은 그가 대단하기 때문이 아니라 혼자 조용히 울어야 할 시간이 많기 때문이다.

MLQ
Multifactor Leadership Questionnaire

1992년 Bass와 Avolio가 개발

1. 나의 리더는 다른 사람들이 자기 주위에 있는 것을 기분 좋게 느끼도록 한다.
2. 다른 사람들은 나의 리더를 완전히 신뢰한다.
3. 다른 사람들은 나의 리더와 함께 근무하고 있는 것을 자랑스럽게 생각한다.
4. 나의 리더는 우리가 무엇을 할 수 있고 또 무엇을 해야 하는지를 짧은 말로 명확하게 표현한다.
5. 나의 리더는 우리가 할 수 있는 가능성에 대해 마음을 끄는 이미지를 제시한다.
6. 나의 리더는 다른 사람들이 자기 일에서 의미를 찾도록 돕는다.
7. 나의 리더는 다른 사람들이 지금까지 해오던 일을 새로운 방식으로 생각하도록 한다.
8. 나의 리더는 복잡한 문제를 새로운 시각으로 보는 방법을 다른 사람들에게 제공한다.
9. 나의 리더는 다른 사람들로 하여금 자신이 이전에 전혀 의문을 갖지 않았던 일들에 대해 새로운 시각에서 다시 생각하도록 한다.
10. 나의 리더는 다른 사람들이 스스로 자기계발을 하도록 돕는다.
11. 나의 리더는 다른 사람들로 하여금 자신들이 하고 있는 일에 대해 자신이 어떻게 생각하고 있는지를 알도록 한다.
12. 나의 리더는 소외되고 있는 듯한 사람들에게 개인적인 관심을 보인다.

- 이상적 영향력(Idealized Influence) 1~3번
- 영감적 동기부여(Inspirational Motivation) 4~6번
- 지적 자극(Intellectual Stimulation) 7~9번
- 개별적 배려(Individualized) 10~12번

리더십 관리 체크리스트 20 항목

3	리더십 질문지 Leadership Questionnaire		전혀 아니다 1점	아니다 2점	보통 이다 3점	그렇다 4점	매우 그렇다 5점
1	리더십계층	귀하는 다양한 직급별 유형에 대한 특성을 이해하는가?					
2		귀하는 직급에 따라 필요한 리더십이 다르다는 것을 이해하는가?					
3		귀하는 직급별 요구되는 리더십 유형에 대해 이해하고 실천하는가?					
4		귀하는 직급에 요구되는 리더십을 수행하기 위해 지속적으로 노력하는가?					
5	카리스마	귀하는 명확한 가치관을 바탕으로 조직을 한 방향으로 잘 이끄는가?					
6		귀하는 강력한 멘토로서의 역할을 하면서 하부조직의 신뢰를 얻는가?					
7		귀하는 명확한 목표를 설정하여 조직 내부에 목표의식을 고취시키는가?					
8		귀하는 뚜렷한 사명감과 공동의 이익을 중시하면서 조직의 존경을 받는가?					
9	동기부여	귀하는 명확한 미래비전을 제시하여 조직 구성원들을 가슴 설레게 하는가?					
10		귀하는 목표 달성에 대한 강한 신념을 바탕으로 희망적 메시지를 전달하는가?					
11		귀하는 조직 구성원들이 자발적으로 의욕과 열정을 불러일으키도록 힘쓰는가?					
12	지적자극	귀하는 조직 구성원들의 잠재력을 극대화시키기 위한 코칭을 하는가?					
13		귀하는 관습화된 문제 앞에서도 새로운 창의적 방법으로 접근을 독려하는가?					
14		귀하는 조직원들이 새로운 것을 모색할 수 있도록 도전정신을 자극하는가?					
15	개별배려	귀하는 주변 사람들을 개인적 사정을 고려해서 배려해주기 위해 노력하는가?					
16		귀하는 개인의 능력 수준에 따라 적절한 책임을 배분해주고 피드백하는가?					
17		귀하는 개인의 고충을 이해하고 의견을 존중하며 배려를 아끼지 않는가?					
18	리더십M	귀하는 지속적으로 리더십을 강화하기 위한 노력을 하는가?					
19		귀하는 상황에 따라 부족한 리더십을 함양하기 위해 노력하는가?					
20		귀하는 성장에 따라 리더십을 강화하기 위해 다양한 시도를 하는가?					

create your own
BRAND

신뢰성	전문성	리더십	**매력성**	독특성	친밀성
진정성 성실성 일관성 개방성 리스크 관리 신뢰 관리	쾌통철학 열정 성과 창출 역량 강화 통찰 전문 관리	리더십 피라미드 카리스마 동기부여 지적 자극 개별적 배려 리더십 관리	**매력 지수** **나이 관리** **페이스 관리** **보이스 관리** **패션 관리** **매력 관리**	아이덴티티 자존감 경험 히스토리텔링 리포지셔닝 경쟁우위	관점 획득 자기 개방 소통 유머 인맥 관리 애착 관리

PART 5

끌리는 인력/Attractiveness

매력을 창조하라

휴먼브랜드의 막강한 영향력은 높은 인지도와 선호도에서 나온다. 그중 선호도를 높이는 가장 중요한 요인이 매력성이다. 휴먼브랜드의 특성 전체를 통틀어 매력성은 가장 강력한 무기이다. 누구나 매력적인 사람과의 지속적 관계를 원하고 발전적 관계로 나아가길 희망한다. 매력은 지극히 주관적인 부분이 강하지만 대중적 매력을 가진 사람들도 많다. 소위 휴먼브랜드의 닉네임 앞에 '국민'이란 수식어를 달고 있는 사람들은 대중적 매력의 소유자라 할 수 있다. 국민 어머니, 국민 첫사랑, 국민 MC 등이 그렇다.

휴먼브랜드가 다른 특성을 충분히 갖추었다고 하더라도 매력성이 없으면 팥소 없는 찐빵같이 싱거울 수 있다. 한 인간으로서 매력적인 자아를 가진다는 것은 자존감을 높일 뿐만 아니라 자신감과 직결된다.

본 장에서는 휴먼브랜드의 선호도를 높이는 가장 중요한 요인인 매력성을 높이기 위한 구체적 방법을 살펴보고자 한다.

19

매력 지수

- 왠지 끌리는 사람의 마력 -

매력이란 인간 사이에 특별한 관계를 만들어내는 능력이다. 상대가 팔짱 끼고 의자 등받이에 기대어 나를 바라보는 것이 아니라 의자를 바짝 당겨 나에게 다가와 집중하게 만드는 힘이다. 이런 힘은 막강한 영향력으로 다가온다. 그래서 휴먼브랜드의 특성 가운데 선호도를 높이는 가장 중요한 요인이자 휴먼브랜드 영향력을 강화하는 중요한 핵심이 매력인 것이다.

누구나 매력적인 사람을 꿈꾼다. 선천적으로 타고난 매력도 있지만, 후천적인 관리와 노력으로도 높일 수 있다.

이 장에서는 매력을 만드는 내면적인 관리 차원이 아닌 외향적으로 드러나는 매력의 속성에 좀 더 집중하였다. 외면은 내면을 비추는 거울이다. 내가 진실을 이야기함에도 불구하고 상대가 내 눈빛이나 말투에서 진실을 느끼지 못한다면 이것은 매우 불행한 일이다. 외향적인 것들이 내면을 잘 반영할 때 비로소 자연스러운 소통이 가능하다.

그렇다고 외향적인 요인이 내면적인 요인보다 더 중요하다는 것은 아니다. 거울이라는 것은 본체를 왜곡 없이 잘 비출 때 비로소 제 역할을 다하는 것이다. 이렇듯 자신이 상대와의 관계에서 더 빠르게 더 강력하게 더 설득력 있게 영향력을 발휘하기 위해서는 외향적인 요인에 대한 관리가 매우 중요하다.

매력魅力은 상대의 마음을 사로잡아 끌어당기는 힘이다. 매력적인 사람은 상대를 홀리는 힘이 있다. 매력의 '매魅'는 한자로 '도깨비 매'이다. 도깨비에게 홀리듯 매력적인 사람에게는 상대를 끌어당겨 마음을 홀리게 하는 능력이 있다. 이런 능력은 다양한 요인들이 종합적으로 잘 어우러질 때 나타난다.

타고난 눈 코 입의 조화로 만들어진 잘생긴 또는 예쁜 외모의 매력을 넘어서 차별화되고 독특한 매력을 소유하기 위한 개인별 맞춤 매력 관리가 필요하다. 그러기 위해서는 매력을 판단할 수 있는 다양한 요인이 무엇인가에 대한 접근이 필요하다.

한 번 보고 두 번 보고 자꾸만 보고 싶네

매력지수가 높다는 말은 사람의 마음을 사로잡아 끄는 힘의 정도가 세다는 뜻이다.

"한 번 보고 두 번 보고 자꾸만 보고 싶네. 그 누구의 애인인지 정말로 궁금하네." 신중현의 '미인'이란 노래에 이성에 대한 매력을 느낄 때 나타나는 감정에 대해 노골적으로 드러내고 있다. 누군가를 보고 있어도 보고 싶다고 무언가를 하고 있어도 하고 싶다고 표현할 때가 있다. 이는 너무 좋아하는 사람과 함께 있거나 너무 좋아하는 일에 몰입해 있을 때 나타나는 현상이다. 인간관계에서 매력이란 무기는 핵폭탄급으로 막강한 힘을 가진다.

이렇기에 매력적인 사람이 가지는 다양한 매력 요인을 구분하여 매력 점수를 산출해 보고 골고루 매력 지수를 높이기 위한 관리와 노력이 구체적으로 진행되어야 한다. 아래의 외적 매력 지수 체크리스트를 통해 매력 점수를 환산해 보자.

외적 매력 지수 체크리스트

	세부 진단 내용
나이 관리	귀하는 나이보다 젊어 보인다는 얘기를 자주 듣는가? 귀하는 또래보다 젊어 보이는가? 귀하는 나이 때문에 포기하는 일이 없는가? 귀하의 신체 나이는 실제 나이보다 낮은가?
얼굴 관리	귀하는 T.P.O에 따라 표정을 자연스럽게 연출하는가? 귀하는 인상 좋다는 얘기를 자주 듣는가? 귀하는 피부와 모발 관리를 정기적으로 하는가? 귀하는 매일 자신에게 어울리는 화장(기초/색조)을 잘 하는가?
목소리 관리	귀하는 호감 가는 목소리를 가졌는가? 귀하는 상황에 따라 다양한 음색을 연출할 수 있는가? 귀하는 목소리 관리를 위해 특별히 신경 쓰고 있는가? 귀하는 보이스 트레이닝을 위해 훈련한 적이 있는가?
신체 관리	귀하는 적절한 신체 밸런스를 유지하고 있는가? 귀하는 탄력 있는 몸을 위해 주기적으로 운동 관리를 하고 있는가? 귀하는 아름다운 바디라인을 만들기 위해 특별히 노력하는가? 귀하는 건강을 위해 음식 및 건강 보조식품을 잘 챙기는가?
패션 관리	귀하는 젊고 세련되게 옷을 입는다는 주변 평가를 자주 받는가? 귀하는 자신에게 어울리는 색(퍼스널 컬러)을 선별할 수 있는가? 귀하는 신체의 장단점을 잘 활용한 패션 센스를 가졌는가? 귀하는 T.P.O.에 따른 다양한 패션 연출 능력을 가졌는가?

전혀 아니다	아니다	보통이다	그렇다	매우 그렇다
1점	2점	3점	4점	5점

Solution_ 매력을 넘어 마력으로

오감을 만족하는 매력지수가 외향적인 부분에 집중이 되었다면 육감 또는 공감각적인 매력지수는 내향적인 것에 강한 지배를 받는다. 매력은 결국 외면과 내면이 잘 어우러져서 하나의 이미지나 분위기로 스며들 때 자연스럽게 표출되는 것이다.

여기서 잠깐 이번 장에서는 언급되지 않은 내면의 매력을 강화하는 방법에 대한 핵심적인 내용을 살펴보고자 한다. 휴먼브랜드 전략 36계 가운데 상당 부분이 내면에 대한 매력을 직간접적으로 언급하고 있기에 여기에서는 간단히 요약해서 설명한다.

매력적인 사람의 내면적 특징

첫째, 이기적이지 않고 이타적이다. 즉 자신보다는 상대방을 더욱 중요시하고 관심을 가지고 위해주기 위해 노력한다. 상대의 관심사에 귀 기울이고, 상대의 자존심을 최대한 세워주고, 상대의 입장에서 생각하고, 적극적으로 반응해주고, 상대방이 진심이라고 느낄 수 있도록 진정성을 다해 행동한다. 이런 이타적인 행동은 상대방에게 매력적인 사람으로 보이게 하는 가장 중요한 출발이다.

둘째, 친구를 만드는 것보다 적을 만들지 않는 것을 더 중요하게 여긴다. 미꾸라지 한 마리가 강물을 흐리듯 적으로 돌변한 지인은 언제 어디서 나에 대한 거짓된 이야기를 전파할지 모른다. 그것이 진실이든 거짓이든 나에게는 매우 불편한 일이다. 상대방에게 충고나 지도를 하게 될 때 지적보다는 염려의 마음으로 진정성 있게 전달하는 것이 중요하다. 나의 의견보다는 상대의 의견을 들어주고 인정해주고 더 나은 방법에 대해 함께 모색하는 것이 필요하다. 자신도 모르는 사이 적군이 아군이 되어 있을 것이다.

셋째, 함께 있으면 행복한 사람이 되어라. 함께 얘기 나누고, 맛있는 음식을 같이 먹고, 여행도 같이 가고, 힘들 때 위로받는 등 함께했을 때 행복한 사람은 매력이 넘치는 사람이다. 힘든 가운데서도 즐거움을 찾고 긍정적으로 세상을 바라보며 웃을 일이 많고 유머가 넘치는 사람이라면 함께 하고 싶을 것이다. 상대를 잘 웃게 하기 위해서는 나 스스로가 잘 웃는 사람이 되어야 한다. 또한, 상대를 행복하게 만들려면 나 먼저 행복한 사람이 되어야 한다.

오감을 통한 외면적 매력에 육감을 통한 내면적 매력이 잘 어우러질 때 진정한 매력을 발휘할 수 있을 것이다.

20

나이 관리

- 나이의 닻 내림 효과 -

한때 '응답하라'란 TV 드라마 시리즈가 대한민국을 강타했었다. 이 드라마 시리즈물은 1988년, 1994년, 1997년으로 총 3개의 시리즈로 제작되었다. 이 응답하라 시리즈는 대한민국을 온통 복고의 세계로 젖게 했고 저마다 그 시절 그 감성에서 추억을 더듬게 만들었다.

그 시리즈 가운데 '응팔'이라 불리는 1988년 시리즈는 저자의 나이와 주인공의 나이가 완벽하게 일치하는 시대물로 그 시대의 감성을 너무나도 현실감 있게 체감할 수 있어서 타임머신을 탄 기분을 느낄 정도였다. 그래서 그 시대의 음악과 영화를 다시 찾아보고 그 시절의 친구들도 연락해서 만나고 그 시절 좋아했던 떡볶이랑 순대 등도 친구들과 먹으며 옛 추억을 소환해 충분히 즐기는 시간을 가졌었다. 무려 30여 년의 시간이 지났음에도 불구하고 그 시대의 음악과 영화, 뉴스와 같은 일상을 가까이서 접하게 되니 마치 내 마음이 30년 전으로 돌아간 느낌이었고 몸도 젊어진 느낌이었다. 나이는 숫자에 불과하다는 옛말이 실감 나는 순간이었다. 이러한 일들이 실제로 하버드대학에서 과학적 실험을 통해 증명되었다.

시계 거꾸로 돌리기

하버드 대학교 심리학과에서 여성 최초로 종신교수가 된 엘렌 랭어 교수는 1979년 '시계 거꾸로 돌리기'란 실험연구를 했다. 처음엔 실험연구란 말을 하지 않고 노인을 대상으로 한 여행 프로그램으로 광고를 해서 70~80대 노인을 모았다. '무료한 일상 탈출, 화려한 노년'이란 주제로 6박 7일 동안 주어진 공간에서 여행하며 추억에 대해 심오한 토론을 하는 것이었다. 여기에서 조건은 2가지가 있었다.

첫째, 1979년인 현재가 아니라 1959년인 20년 전의 삶으로 돌아가야 한다는 것이었다. 20년 전의 정치, 사회 등을 과거가 아니라 현재의 일상인 것처럼 이야기하고, 20년 전에 개봉한 영화와 드라마를 보는 것이었다. 둘째, 청소나 설거지 등 일상에서 늘 하는 간단한 소일거리는 본인이 직접 해야 한다는 조건이었다.

여기에 찬성한 8명의 노인들은 20년 전으로 세팅된 공간에서 일주일간 생활을 이어나갔고 실험 도중에 주어진 조건들을 잘 이행했다. 실험을 마치고 이 노인들에게서 나타난 변화의 결과는 놀라웠다. 참가한 8명의 노인들 모두 시력, 청력, 기억력, 지능, 악력 등이 신체나이 50대 수준으로 향상되어 나타났다.

이는 1981년 하버드대 심리학과 논문으로 발표되었고 전 세계가 '7일간의 기적'이라며 놀라움을 금치 못했다. 나이는 숫자에 불과하고 옛말이 과학적으로 증명되었다. 이 이후 유사한 실험들이 많이 진행되었고 그때마다 유사한 결과가 나왔다.

최근 엘렌 랭어 교수는 《늙는다는 착각》2022이란 책에서 "20년을 더 젊게 살 수 없을까?"란 질문에서 몸과 마음을 이분법적으로 분리하지 말고 전신과 육체를 원래대로 결합해서 한 사람이 된다면 우리가 어디에 마음을 두든 몸도 따라갈 수밖에 없다고 말했다. 즉 마음 가는 데 몸 따라간다는 뜻이다.

옷도 젊게 입으면 신체 나이가 젊어진다는 연구도 있다. 실제로 유니폼을 입는 업종의 종사자는 상대적으로 나이가 들어도 또래보다 건강함이 확인되었다. 주변 환경이 신체에 미치는 다양한 연구들이 있다. 아이를 늦게 낳은 여성이 상대적으로 젊은 환경에 둘러싸여 있기 때문에 아이를 일찍 낳은 여성보다 평균수명이 길게 나타났다. 배우자의 나이도 수명에 미치는 영향이 있다고 나타났다. 배우자와 나이 차이가 큰 경우, 어린 배우자는 상대 배우자의 나이에 따른 환경에 많이 노출되다 보니 상대적으로 수명이 짧아지고, 반대로 나이 많은 배우자는 수명이 길어졌다. 이런 결과는 나이의 숫자적 해석이 상황에 따라, 즉 마음먹기에 따라 다르게 나타날 수 있음을 증명해준다.

노화는 분명 '변화'를 만들어낸다. 하지만 이것이 곧 '퇴화'는 아니라는 것을 명심해야 한다. 노화에 대한 부정적인 생각은 예상을 넘어 예언으로 이어져 현실을 지배한다. 마음이 몸에 지시를 내리는 것이다. 늙어서 그러니 어쩔 수 없다고.

그러니 나이에 대한 숫자 놀음에 현혹되어서는 안 된다.

Solution_ 나이의 닻 내림 효과

'10년만 젊었어도~'라면서 나이에 대해 한탄하는 사람을 종종 본다. 이건 남의 이야기만은 아닌 나의 이야기이기도 하고 우리의 이야기이기도 하다. 뭔가를 하고자 할 때 여러 핑계를 대며 하지 못한 것에 대한 합리화를 하는 경우가 많다. 여기에서 가장 큰 변명 중 하나가 바로 나이이다.

앞서 엘런 랭어 교수에 따르면 내가 어디에다가 나이에 기준을 두느냐에 따라 몸이 변한다고 말했다. 저자는 시대별 신체나이와 평균수명의 변화에 따라 30년 전의 60대의 건강이 현재의 80대의 건강과 비슷하다는 결과를 토대로 0.75의 법칙을 제안했다.

0.75의 법칙은 현재 나이에 0.75를 곱한 나이에 마음의 닻을 내리고 그 나이에 맞게 정신과 육체를 훈련 시키란 내용이다. 현재 80살이면 60의 나이가 마음의 나이가 되고 현재 40살이면 30살의 마음으로 의사결정하고 행동하는 것이다. 실제로 저자 또한 항상 이런 마음으로 나이 시계를 멈추고 살려고 노력한다. 그래서 "이 나이에 어떻게"가 아니라 "내 나이가 어때서"란 관점으로 더 의욕적으로 바뀌었다.

세상이 맘먹은 대로 다 될 수는 없지만, 맘조차도 먹지 않는다면 되는 일은 아예 없을 것이다. 적어도 간절한 무엇 앞에서 나이란 족쇄에 잡히지 말아야 한다. 그러기 위해서는 나이를 스스로 관리할 줄 알아야 한다. 0.75라는 구체적 숫자는 뭔가 명확한 나이의 닻 내림의 기준이 되어줄 것이고 더 자신 있는 사람은 0.7이든 0.6이든 문제없다. 그 기준은 내가 정하기 나름이다.

21

페이스 관리

- 인간은 날마다 가면假面 아닌 가면加面을 쓴다 -

누구든 나이 마흔이 넘으면 자기 얼굴에 책임을 져야 한다. 이는 링컨 대통령의 말씀이다. 자신이 살아온 인생이 고스란히 얼굴에 담긴다는 뜻이다.

성격은 얼굴에서 나타나고, 생활은 체형에서 나타나며, 스트레스는 피부에서 나타난다는 말이 있다. 성격이 얼굴에 나타나는 것을 인상이라 한다. 타고난 얼굴은 무던히 노력해도 한계가 있다. 하지만 인상은 후천적인 성격과 본심에 의해 자연스럽게 만들어지는 것이기에 얼마든지 관리가 가능하다. 자신이 어떤 가치를 가지고 살았으며 어떤 표정으로 살았는가에 따라 외모는 충분히 바뀔 수 있다.

마흔 살이 넘어서도 주변 사람들에게 비호감을 주는 인상을 가졌다는 평가를 듣는다면 그 인생은 대강 짐작이 간다. 이것은 건강도 마찬가지이다. 마흔 전에 잔병이 많고 건강에 문제가 있었다면 선천적인 요인이거나 일시적인 관리의 문제일 수 있다. 하지만 마흔 이후에 고질적 건강의 문제가 있다는 것은 후천적 관리 부족이 명백하다. 인상도 체형도 건강까지도 꾸준한 관심과 관리에 의해 만들어지는 것이며 평생 숙제하듯이 노력해야 하는 부분이다.

대중적 인기를 누리며 많은 영향력을 행사하는 휴먼브랜드들은 자신만의 독특한 매력을 가지고 있다. 그 매력 발산의 요인들 가운데 가장 중요한 부분이 바로 인상이다. 인상은 눈-코-입에서 나오는 것이 아니라 표정의 조화로 만들어지는 것이다. 상황에 따라 상대에 따라 시시각각 자연스럽게 변하는 표정과 모습에서 매력이 더욱 배가 되는 것이다.

그래서 인간은 가면을 쓸 필요가 있다. 여기서 가면은 거짓 가假가 아닌 더할 가加의 가면을 말한다. 그렇다고 상황에 따라 천의 얼굴을 가진 배우같이 행동하라는 것은 아니다. 그때그때 가장 어울리는 얼굴을 더하란 의미이다. 내 마음의 진정이 고스란히 잘 전달되도록 할 수 있다면 그것은 강력한 무기를 장착하는 것과 같다. 그만큼 신뢰도 빨리 얻고 관계도 수월해지기 쉽기 때문이다.

Solution_ 좋은 인상 운동법

이왕이면 다홍치마란 속담에서 다홍치마는 호감 가는 인상을 의미한다. 호감 가는 인상은 호감 가는 표정에서 만들어진다. 누구나 아름답고 멋진 몸을 원할 것이다. 키나 비율은 후천적인 노력으로 변화되기 어렵지만, 몸무게나 바디 라인은 얼마든지 조절이 가능하다. 해답은 바로 운동이다. 몸을 운동으로 원하는 모습으로 만들 듯이 표정도 운동을 통해 원하는 인상을 만들 수 있다.

호감 가는 인상을 주기 위해서 가장 선행되어야 할 운동은 얼굴의 근육을 위로 당겨주는 연습이다. 축 처진 어깨에서 느껴지듯이 축 처진 얼굴은 호감을 주기가 어렵다. 신체 부위가 처진다는 것은 건강미도 떨어지고 의욕도 없어 보인다. 밝고 긍정적인 표정을 위해서 반드시 위로 당겨줘야 할 얼굴의 세 군데 근육이 있다.

첫째는 눈썹 근육을 올리는 운동이다. 눈썹의 3분의 2 지점인 꺾인 부위를 위로 당겨주는 연습이다. 이 동작은 여러 가지의 의미가 담겨 있다. 눈썹을 올린다는 것은 관심과 호기심 또는 놀라움과 감탄의 언어이다. 눈썹을 올리면 자연스럽게 눈꼬리가 올라가고 눈매도 확장되어 총기가 느껴지게 된다. 또한, 이 동작을 취할 때는 미간의 주름이 사라진다. 이는 상대에게 긍정적인 피드백으로 다가간다. 대화를 할 때 상대의 표정이 이렇다면 대화의 집중도와 몰입도가 엄청 높게 느껴질 것이다. 또한, 스스로가 이런 표정으로 상대를 대한다면 상대도 나의 표정에서 적극성과 배려를 느낄 것이다.

둘째는 귀를 당겨주는 운동이다. 귀를 손으로 당기는 것이 아니라 귀를 뒤로 당기는 표정을 연습하면 자연스럽게 얼굴 볼살 전체를 위로 당기는 효과를 얻게 된다. 이는 성형외과에서 안면 고상 수술을 통해 처진 얼굴을 올리듯 운동을 통해 약한 근육을 강화해서 건강하고 젊은 인상을 주게 한다.

셋째는 입술 꼬리를 올리는 운동이다. 입은 미소를 짓는 가장 큰 부위로 얼굴 전체의 인상을 가장 크게 좌우하는 부분이다. 그렇기에 입술 꼬리를 올려 환하게 웃거나 살짝 미소만 지어도 충분히 호감 가는 인상을 만들 수 있다. 여기서 중요한 것은 지속적이고 편안한 표정 연출이다. 인위적이거나 억지웃음은 오히려 역효과를 유발할 수 있다. 누구 앞에서나 편안하고 자연스러운 미소를 짓기 위해서는 운동으로 복근을 만들듯이 운동으로 편안한 미소를 만들어야 한다.

잘못된 운동이 몸을 망치듯 잘못된 표정 습관이 인상을 망친다. 여기서 가장 주의해야 할 부분이 얼굴에 생기는 세로 주름이다. 미간의 세로 주름, 눈 밑 세로 주름, 입가 팔자 주름이 대표적이다. 이런 세 군데의 세로 주름은 기분이 나빠 보이는 것은 물론이고 지치고 부정적인 인상을 보여주기에 가급적 평소 표정으로는 하지 말아야 한다.

아무 짓도 하지 않았는데 주변 사람들이 나를 신뢰하고 나에게 도움을 주고 싶어 하고 나의 능력 이상으로 평가해 주는 기적은 일어나기 힘들다. 또한, 누구나 반해 버리는 천상의 외모로 타고나기도 힘들다. 설령 그런 외모로 타고났다 하더라도 후천적 관리가 지속되지 않으면 시간과 더불어 가치는 점점 시들게 되어 있다. 그렇기에 꾸준히 운동으로 건강하고 아름다운 몸을 만들듯이 얼굴 표정 관리 운동으로 호감 가는 인상을 유지할 수 있도록 노력해야 한다.

또한, 페이스 관리에서 인상만큼은 아니어도 매우 중요한 부분이 피부이다. 꾸준한 피부 관리가 병행된다면 더 좋은 인상을 만드는 데 큰 도움이 될 것이다.

22

보이스 관리

-눈 감고 보는 상대의 모습-

목소리가 담고 있는 언어적 의미 이상으로 목소리가 품고 있는 음색은 매우 중요한 매력의 요인이다. 매력을 느끼는 감각 기관 가운데 가장 으뜸이 시각이라면 그 다음이 청각이다. 좀 더 구체적으로 따지자면 남녀에 따른 차이가 존재한다. 남성은 대체로 시각적 자극이 매우 큰 비중을 차지한다. 이성적 매력을 이끌어내는 가장 큰 요인인 시각적 자극이 만족스럽다면 다른 자극도 좋게 느끼게 되어 있다. 자신의 눈에 호감이 가는 이성은 덩달아 목소리도 좋게 들리고 냄새도 향기롭게 느껴지고 함께 즐기는 음식도 맛있고 피부나 머릿결의 촉감도 부드럽게 느껴진다. 한마디로 눈에 뭐가 씐 상태라 할 수 있다.

반면 여성은 남성과 좀 더 다른 예민한 감각이 발달해 있다. 여성도 물론 시각적 자극이 가장 큰 매력 요인이지만 시간과 더불어 더 자극적인 매력 요인은 음색이다. 여성은 한꺼번에 여러 감각 기관을 통한 자극에 예민하게 반응할 수 있다. 시각과 청각, 청각과 후각, 또는 오감이 동시에 발현되는 공감각적 자극에 더 민감하게 반응한다. 그래서 여성은 시간이 지날수록 목소리가 좋은 남성에게 더 끌리고 심지어는 처음엔 인상이 별로 맘에 들지 않았던 이성이라도 음색이 맘에 들면 끌리게 된다. 또한, 아무리 시각적 자극이 뛰어나더라도 음색이 어울리지 않는다면 매력은 매우 빨리 반감된다. 여성이 느끼는 매력 요인은 남성에 비해 청각적 자극이 매우 큰 비중을 차지한다고 할 수 있다.

같은 말이라도 상대에 따라 다르게 들리는 경우가 많다. 언어적 의미는 동일하지만 비언어적 의미는 행동하는 사람에 따라 천차만별로 다르게 전달된다. 비언어적 요소에는 태도나 행동, 표정이나 음색 등 여러 요인이 있지만, 그 가운데 음색이 주는 몰입감은 매우 크다. 목소리의 장-단-고-저에 따라 상대가 느끼는 감정은 언어적 의미 이상으로 다각적 해석이 가능하다. 내가 원하는 의미를 짧은 시간 안에 상대에게 몰입되게 전달하고 잘 이해시키고 더 나아가 설득시킬 수 있는 능력은 엄청난 무기를 장착한 것과 같다. 목소리는 눈감고 보는 상대의 모습이다.

누구나 이런 능력을 원한다. 호감 가는 얼굴이 후천적 노력으로 매력적인 모습으로 변할 수 있듯 매력적인 목소리도 후천적 노력으로 얼마든지 변할 수 있다.

Solution_ 보이는 음색을 만들어라

휴먼브랜드에게 대중의 관심과 사랑은 가장 중요한 동력이다. 그러다 보니 유명 휴먼브랜드를 흉내 내는 것이 유행하면서 성대모사가 필수 장기자랑 항목으로 자리 잡았다. 인지도와 선호도가 높을수록 성대모사 단골손님으로 발탁되기 쉽고 성대모사를 통해 재미와 친밀감을 유도한다. 성대모사의 유사성은 말투와 음색에 의해 결정된다. 말투는 사투리나 억양 또는 목소리의 고저와 강약에 의해 나타난다. 그래서 비교적 쉽게 성대모사를 할 수 있는 부분이다. 거기에 비해 음색은 개인의 고유한 목소리 분위기이기 때문에 모사가 좀 어려운 부분이다. 모습에도 다양한 분위기가 있듯이 음색에도 다양한 분위기가 있다. 좋은 음색은 대부분 타고 나는 경향이 크다. 특히 성우나 가수와 같이 목소리가 주 무기인 사람들은 거의 탁월한 음색을 가지고 태어난다. 범접할 수 없는 태생적 선물을 가지고 나오는 셈이다. 하지만 대다수의 사람들은 그렇지 못하다. 전문가만큼은 아니더라도 고유의 보이는 음색을 만드는 것은 매우 중요하다. 그러기 위해서 몸을 단련하듯 목소리를 단련하는 훈련이 필요하다.

첫째로 목소리 훈련의 첫 단계는 호흡이다. 주로 복식호흡을 통해 기초 체력을 다져 놓는 것이 최우선 과제이다. 복식호흡은 배의 근육을 움직여서 횡격막을 신축시키면서 하는 호흡 방식으로 가슴으로 하는 흉식 호흡이 아닌 복부를 이용해서 하는 호흡으로 흥분을 가라앉히고 심신의 안정을 찾는 데 도움을 준다. 숨을 들이마실 때는 배를 내밀면서 코로 천천히 들이마셨다가 숨을 참으며 3~5초 정지했다가 다시 숨을 천천히 내쉬면서 배를 집어넣는다. 복식호흡은 편안한 마음에서 자연스럽고 긴 발성을 내게 해주는 기초 운동이다.

둘째로 목소리 훈련의 가장 기초가 되는 것은 정확한 발음 구사 능력이다. 발음을 정확하게 표현하기 위해 천천히 또박또박 말하는 연습을 하며 보조 기구를 사용해서 혀의 움직임을 더욱 원활하게 하는 방법도 추가적으로 사용한다. 평소 발음이 좋은 사람도 수면 직후거나 피곤할 때는 발음이 흐려진다. 이럴 때는 펜을 사용해서 연습하면 짧은 시간 안에 또렷한 발음을 얻을 수 있다.

셋째는 호감 가는 목소리 훈련을 위한 자신만의 억양과 어투 구사 능력이다. 지역색이 강한 사투리는 동일지역에서는 친밀감의 표현이 될 수도 있지만 다른 지역에서는 불편하거나 거북할 수도 있다. 특히 정확한 정보나 지식을 전달할 때는 사투리가 아닌 표준말로 전달할 때 좀 더 신뢰감 있고 정확하게 전달할 수 있다. 억양과 어투는 오랜 시간 동안 몸에 밴 굳은살 같은 습관이기에 쉽게 고치기 힘들다. 따라서 굳이 고치기보다는 자신만의 개성으로 승화시키는 것이 더욱 좋다. 그럼에도 불구하고 상대에게 불편함을 주는 억양이나 말투는 교정이 필요하다. 가장 쉽게 교정하는 방법은 평소 좋아하는 사람의 말투를 따라 해보는 것이다. 아나운서든 배우든 호감 가는 목소리를 따라 해보고 녹음해서 들어보고 다듬어 나가는 방법이다.

시중에 보이스트레이닝 교육기관이나 보이스트레이너의 도움을 받는 전문적이고 빠른 방법도 있다. 일관된 훈련으로 바람직한 목소리를 구사하는 것도 좋지만 자신만의 방법으로 자신만의 독특한 억양과 말투를 가지는 것도 매력적인 방법으로 나를 이미지메이킹 하는 방법이기도 하다.

23

패션 관리

- 옷을 잘 입어야 하는 이유 -

옷은 자신을 표현하는 궁극의 수단이자 내면을 비추는 거울이다. 옷을 잘 입는다는 것은 자신을 잘 알고 있는 것이며 상대를 배려하고 있다는 증거이기도 하다. 상황에 맞는 패션 센스는 내면을 더 돋보이게 하고 관계를 원활하게 만들어 준다. 패션에 많은 시간과 노력과 돈을 투자하는 사람도 많은 반면, 한편으로는 선택에 대한 고민을 덜기 위해 유니폼이나 일관된 패션을 고집하는 사람도 있다. 이 양극단의 패션 취향은 서로를 잘 이해하지 못한다. 패션에 진심인 사람은 패션을 거추장스러운 걸치레로 취급하는 사람을 게으르다고 표현하고 반대의 경우는 상대를 요란하고 사치스럽다고 표현하곤 한다. 패션에 정답이 있는 것은 아니지만 사회적 통념에서 허용되는 범위는 반드시 존재한다. 그래서 상황에 맞는 옷차림은 매력을 발산할 수 있는 중요한 무기가 되는 것이다.

Solution_ 나의 옷 입기 철학

옷을 잘 입기 위해서 가장 기본적으로 신경 써야 하는 분야는 크게 세 가지로 나뉜다.

컬러color와 컨셉concept과 코디네이션coordination이다. 이 3C는 패션의 기본이 되며 자신만의 패션 철학을 만드는 데 기초가 된다. 자기 자신에 맞는 세 가지 요인에 대한 분석을 통해 자신만의 매력을 키워야 한다.

첫째, 자신에게 어울리는 컬러color를 찾아야 한다.

자신에게 어울리는 컬러 찾기는 퍼스널 컬러 진단을 통해 해결할 수 있다. 퍼스널 컬러는 1990년 초에 유럽을 중심으로 발전되어온 개인 맞춤 컬러 찾기이다. 요약해 보자면 인간은 피부색, 머리 색, 눈동자 색에 따라 어울리는 컬러 유형이 크게 4개로 나누어진다. 그것을 봄, 여름, 가을, 겨울 타입으로 명명하고, 진단 도구로 자신의 유형을 분석할 수 있다. 컬러는 매우 민감하고 전문적인 분야라서 일반인의 눈으로 식별하기 어려울 때가 많다. 그래서 퍼스널 컬러 전문가에게 컨설팅을 받으면 쉽게 자신의 컬러를 찾을 수 있고 일상에서 유용하게 활용할 수 있다. 이렇게 찾은 자신의 컬러는 옷을 구매할 때나, 머리를 염색할 때, 안경 등의 액세서리를 착용하고자 할 때 유용한 팁을 제공해 준다.

둘째, 자신의 이미지를 만들어 줄 컨셉concept을 만들어야 한다.

컨셉을 정한다는 것은 아주 간단하면서도 복잡하다. 이유는 내가 추구하고자 하는 방향성이 자기 자신 내부로 향하는가 아니면 외부로 행하는가에 있다. 만약 자신이 충실하고 편안하고 자연스러움을 추구한다면 자신의 있는 모습 그대로의 자연스러움을 컨셉으로 잡으면 된다. 반대로 자신이 추구하고자 하는 방향성이 자신의 외부로 향한다면 상대가 원하는 나의 모습을 취했을 때 훨씬 편안하고 자연스러울 수 있다. 그래서 현실적 자아의 모습보다는 사회적 자아의 모습으로 컨셉을 잡는 것이 더 쉬울 수 있다. 자신의 외적인 컨셉을 정해 내면과 일치되게 자연스럽게 연출되었을 때 패션 또한 자연스럽게 녹아들어 편안히 보일 것이다. 그것이 모던인가 클래식인가의 문제는 중요하지 않다. 자신이 그 패션을 연출했을 때 진정 편하고 자연스러우면서 상대를 배려할 줄 알아야 한다는 것이다. 때에 따라 세상에서 가장 편한 트레이닝복이 가장 불편한 옷이 될 수도 있고 가장 불편한 코르셋이 가장 편한 옷이 될 수도 있다.

셋째, 상황에 맞는 적절한 코디네이션coordination을 창출해야 한다.

코디네이션은 적절하면서도 자연스러운 조화를 의미한다. 음식으로 따지면 궁합과도 같은 것이다. 좋은 식재료라도 서로 간에 상극의 관계가 있고 하찮은 재료라도 최상의 조화를 만드는 것들이 있다. 패션 내에서 아이템들 간의 조화는 패션을 완성 시키는 가장 중요한 요소이다. 아무리 값진 주얼리라도 서로 간의 조화가 이루어지지 않으면 오히려 역반응을 초래할 수 있고 아무리 소소한 액세서리라도 조화가 잘 이루어지면 멋진 패션으로 완성된다.

이 모든 과정이 쉬운 일은 아니다. 오히려 자기 자신보다 타인의 감각이 더욱 멋있는 자신을 만드는 데 도움이 될 때가 많다. 인간은 자기 자신을 가장 잘 아는 듯싶어도 자기 자신의 틀 안에 있으니 스스로에서 벗어난 자아가 낯설기 때문에 변화를 추구하기가 어렵다. 그래서 전문가의 도움이 필요하다. 매번 전문가의 도움을 받을 수 없는 것이 일상이기에 지속적인 관심과 노력으로 자신의 스타일을 완성해 나가야 한다.

24

매력 관리

- 매력도에 중요한 변수로 작용하는 요인은? -

요즘 미디어에 등장하는 휴먼브랜드를 보고 있자면 스스로 자괴감이 들 정도로 선남선녀들이 넘친다. 어떤 미남 배우는 잘생긴 것이 최고라며 속마음을 여과 없이 드러내 솔직하면서도 당당함을 드러내기도 했다. 시각적인 매력이 단연코 가장 집중도를 높일 수 있는 것은 사실이다. '첫눈에 반한다'거나 '한눈에 알아본다'는 말에서 알 수 있듯이 시각적 매력은 가장 짧은 시간에 집중되는 가장 강력한 매력 요인이다.

그렇다면 시각적인 매력을 선천적이든 후천적이든 취하지 못한 사람은 매력적인 사람이 될 수 없는 것일까? 그것은 단연코 아니다. 우리는 주변에서 시각적 매력 이상의 매력을 가진 사람들을 흔히 본다. 그들이 가진 매력은 어디에서 나오는지 과학적으로 증명한 연구가 있다.

영국 왕립학회 오픈 사이언스에 〈남성의 매력도에 중요한 변수로 작용하는 주요 요인〉이란 흥미로운 연구 결과가 발표되었다. 이는 스코틀랜드 애버테이대학 크리스토퍼 왓킨스 박사 연구팀의 실험을 통해 증명되었다.

실험은 자원자들에게 두 명의 이성의 사진과 한 장의 그림을 해석한 글을 보여주는 방식으로 진행되었다. 이성 사진은 두 장으로 한 장은 호감형, 다른 한 장은 비호감형으로 구분했고, 그림에 대한 설명은 프랑스 화가인 르네 마그리트의 초현실주의 회화인 '연인'에 대한 두 사람의 주관적 해석이 담긴 내용이었다.

그 결과 실험 참가자들은 더 창의적인 글을 쓴 남성에게 더 큰 호감을 보였다. 예를 들어 르네의 그림을 보고 "인질로 잡힌 것 같다" 또는 "강도 같다"고 쓴 남성보다 "외모는 시간이 지나며 빛이 바래지만, 인격은 끝까지 남기 때문에 문제되지 않는다"고 쓴 남성에게 여성들이 더 좋은 평가를 했다. 결과적으로 왓킨스 박사는 "잘생기진 않았지만 창의적인 남성이 잘생겼지만 창의적이지 않은 남성과 매력지수가 거의 같게 나타났다."며 외모가 덜 매력적인 남성의 경우 창의력이 큰 변수가 될 수 있다고 분석하였다.

물론 가장 매력 지수가 높은 남성은 잘생겼으면서 창의력도 뛰어난 사람이다. 남성의 창의력이 매력에 중요한 변수로 지목된 연구 결과는 진화 생물학 차원에서 근원을 찾을 수 있다고 연구진들은 보고했다. 진화 생물학 관점에서 가장 중요한 것은 생존에 유리한 조건을 갖추어 지속적으로 진화하면서 생존해 갈 수 있냐는 것이다. 남성의 창의력은 상상력과 독창성을 나타내는 요인으로 생존에 유리한 삶의 방식을 나타내는 신호라고 설명했다. 즉 생존에 유리한 창의성을 갖춘 남성에게 여성들은 본능적으로 끌린다는 것이다.

반면 실험에 참가한 남성들의 연구 결과에서는 여성의 창의력은 매력에 어떤 영향도 미치지 않는 것으로 나왔고 오히려 매력을 반감시킨다는 역효과도 나타났다.

이것만으로도 여성이 남성을 보는 매력의 관점과 남성이 여성을 보는 매력의 관점에는 진화적인 차원에서조차도 큰 차이가 있음을 알 수 있다.

Solution_ **호감 가는 이미지를 만들기 위한 A4**

- **Authenticity:** 진정성 - 호감의 뿌리
- **Altruism:** 이타심 - 호감의 줄기
- **Advancement:** 진보성 - 호감의 잎
- **Attraction:** 매력성 - 호감의 열매

호감 가는 이미지를 만들기 위해서는 다각적인 노력이 필요하다. 그 가운데 호감을 위한 가장 중요한 요인이 매력성이다.

아름다운 풍경을 보거나 잘 만들어진 예술작품을 대하게 되면 누구나 기분이 좋아진다. 맛있는 음식을 먹거나 감미로운 음악을 들을 때도 마찬가지로 기분이 좋아진다. 인간은 오감을 통해 세상의 무엇들과 소통을 하고 오감을 만족시킬 수 있는 다양한 환경에 노출되었을 때 기분이 좋아진다. 사람과의 관계도 마찬가지다. 어떤 상대방을 만났는데 자기 자신의 감각이 만족이란 신호를 보내면 나는 상대의 매력에 빠진 것이라 할 수 있다. 상대방의 눈빛, 표정, 목소리, 말투, 외

모, 패션 취향, 자세, 행동 등이 복합적으로 어우러져 매력이란 강력한 에너지로 다가온 것이다. 누구나 매력적인 사람이 되고 싶어 하고, 또한 매력적인 사람들과 좋은 관계를 유지하고 싶어 한다. 분명 매력성이란 호감을 이끌어내는 중요한 요인으로, 관계를 형성하고 유지하고 강화하는데 긍정적 원인을 제공하는 것은 틀림없다. 하지만 태어날 때부터 매력적인 유전자를 가진다는 것은 내가 선택할 수 없는 것이다. 그렇기에 매력적인 사람이 되는 것은 간절히 원함에도 불구하고 쉽지 않은 과제이다.

하지만 빼어난 유전자의 영향이 아니어도 얼마든지 매력적인 사람으로 거듭날 수 있다. 매력이란 신체의 구조적 아름다움보다는 신체의 행동적 아름다움 비중이 더 크기 때문이다. 구조적 아름다움은 유전적으로 타고난 아름다움(조화로운 얼굴, 늘씬한 체형, 고운 피부, 고른 치아 등)이나 후천적 노력(의료시술, 다이어트, 패션 센스 등)으로 가꾸어진 아름다움을 포함한다. 이런 구조적인 아름다움의 매력이 매우 강한 끌림을 만들어내는 것은 사실이지만 그 생명력은 길지 못하다. 반면 행동적 아름다움이 가진 끌림은 서서히 시작되어 오래도록 지속되는 면이 강하다. 물론 구조적 아름다움과 행동적 아름다움을 두루 겸비하고 있다면 말할 필요가 없다.

영원한 구조적 아름다움이란 존재하지 않는다. 인간은 시간과 더불어 외향은 변하게 되어 있다. 하지만 시간과 더불어 품위와 교양과 세련은 더욱 강화될 수 있다. 젊은 시절 오드리 헵번보다는 나이 든 오드리 헵번을 더 존경하는 것이 이런 이유에서일 것이다. 즉 지속적인 매력성을 유지하기 위해서는 행동적 아름다움에 집중하는 것이 더욱 중요하다.

그렇다면 행동적 아름다움을 강화하는 방법은 무엇일까? 그것은 꾸준한 자기 계발이다. 말 그대로 꾸준히 자신의 매력을 키우기 위한 노력이 지속되어야 한다는 것이다. 자연스러운 표정을 짓기 위한 노력, 상황에 맞는 목소리를 내기 위한 노력, 분위기에 맞게 행동을 조절하는 노력, 장소에 따른 패션을 연출할 수 있는 노력, 상대에 따른 매너와 에티켓을 구사할 수 있는 노력 등 지속적인 자기 계발이 병행되어야 한다.

물론 말처럼 쉽지만은 않다. 하지만 삶에서 이러한 노력이 병행되지 않는다면 주변 사람들과의 좋은 관계 유지를 장담하기 힘들다. 매력적인 사람을 만나면 누구나 기분이 좋아지고, 흥분하듯이 나 자신도 누군가를 그렇게 만들기 위해서는 노력이 필요하다. 마치《어린 왕자》에 나오는 장미꽃처럼 아침 일찍 일어나 정성껏 단장하고서는 어린 왕자가 다가와 아침 안부를 건네면, 금방 일어난 듯 기지개를 켜며 "아~함, 금방 일어나 내 몰골이 형편없지?"라며 새침을 떠는 것처럼. 매력은 보이지 않는 곳에서 땀나는 노력으로 차곡차곡 쌓아가는 것이다.

매력 관리 체크리스트 20 항목

4	매력성 질문지 Attractiveness Questionnaire		전혀 아니다 1점	아니다 2점	보통 이다 3점	그렇다 4점	매우 그렇다 5점
1	매력지수	귀하는 주변 사람들에게 매력적이라는 평가를 자주 듣는가?					
2	매력지수	귀하는 호감 가는 이미지라는 말을 자주 듣는가?					
3	매력지수	귀하는 자기 관리가 잘 되어 있다는 평가를 받는가?					
4	매력지수	귀하는 주변 사람들과 함께 있어 즐겁고 행복하다는 말을 듣는가?					
5	나이M	귀하는 실제 나이에 비해 젊은 신체 나이를 가지고 있는가?					
6	나이M	귀하는 또래 친구들보다 젊어 보이는가?					
7	나이M	귀하는 무엇인가 새로운 도전을 할 때 나이가 걸림돌이 된 적은 없는가?					
8	나이M	귀하는 나이보다 젊어 보인다는 말을 자주 듣는가?					
9	보이스M	귀하는 건강한 목소리를 유지하기 위해 지속적으로 노력하는가?					
10	보이스M	귀하는 주변 사람들로부터 매력적인 보이스를 가졌다는 평가를 받는가?					
11	보이스M	귀하는 발음이나 사투리, 목소리 톤이 상황에 따라 잘 조절이 되는가?					
12	얼굴M	귀하는 주변 사람들로부터 좋은 피부를 가졌다는 평가를 듣는가?					
13	얼굴M	귀하는 본인 얼굴에 맞는 전문적인 관리를 주기적으로 받고 있는가?					
14	얼굴M	귀하는 매력적인 이미지를 가졌다는 평가를 받고 있는가?					
15	패션M	귀하는 자신에게 어울리는 컬러를 알고 잘 적용해서 옷을 입는가?					
16	패션M	귀하는 본인 신체의 장점을 살리고 단점을 커버하는 형태로 옷을 입는가?					
17	패션M	귀하는 자신의 개성을 살리는 나만의 패션 캐릭터를 가지고 있는가?					
18	매력M	귀하는 정기적 건강검진을 통해 자신의 건강상태를 잘 살피고 있는가?					
19	매력M	귀하는 자신의 체질에 맞는 운동을 찾아 규칙적으로 하고 있는가?					
20	매력M	귀하의 가족력에 대한 근거를 바탕으로 특별한 건강관리를 하고 있는가?					

신뢰성	전문성	리더십	매력성	독특성	친밀성
진정성 성실성 일관성 개방성 리스크 관리 신뢰 관리	쾌통철학 열정 성과 창출 역량 강화 통찰 전문 관리	리더십 피라미드 카리스마 동기부여 지적 자극 개별적 배려 리더십 관리	매력 지수 나이 관리 페이스 관리 보이스 관리 패션 관리 매력 관리	아이덴티티 자존감 경험 히스토리 텔링 리포지셔닝 경쟁우위	관점 획득 자기 개방 소통 유머 인맥 관리 애착 관리

PART 6

대체할 수 없는 존재/Uniqueness

독특성으로 차별하라

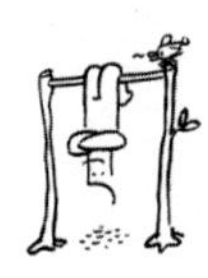

휴먼브랜드 영향력의 두 가지 요인은 얼마나 막강한 인지도와 선호도를 얻는지에 달려있다. 누구나 알고 좋아하는 사람이라면 그가 가진 사회적인 영향력은 실로 엄청날 것이다. 그렇다면 휴먼브랜드가 되기 위한 두 가지 요인인 인지도와 선호도 중 무엇이 우선되어야 할까? 대답은 당연히 인지도이다. 알고 나니 좋아질 수도 있는 것일지 모르는 상태에서 처음부터 좋아지기는 힘들다. 휴먼브랜드의 인지도를 높이게 할 수 있는 가장 중요한 요인이 바로 독특성이다. 얼룩소들 사이에 보라색 소가 있다면 누구나 쉽게 인지하고 알아차리고 기억할 것이다. 동그라미 사이에 세모는 튀기 마련이고 이목을 집중시키기 마련이다. 모난 돌이 정 맞는다고 독특성은 인지도를 높이는 확실한 특성임은 틀림없다. 또한, 비슷비슷한 능력과 특성들로 우열을 가리기 힘든 세상에 경쟁의 우위에 서게 해 줄 핵심 요인이기도 하다.
본 장에서는 휴먼브랜드의 인지도를 높여 경쟁우위의 영향력을 발휘하게 해 줄 구체적인 방법에 대해 살펴보고자 한다.

25

아이덴티티

- 변하지 아니하는 존재의 본질 -

선호하는 휴먼브랜드를 떠올리면 그들만의 변하지 않는 차별화 된 독특함이 있다. 외향적인 부분이든 성격적인 부분이든 태도와 행동과 관련된 부분에서 그만의 색깔과 향기가 존재한다. 맛있는 음식을 먹을 때 독특한 향신료의 향기나 특이한 질감을 중요시하는 사람이 있듯이 독특한 그 사람만의 고유한 특성은 기억에 강하게 남고 호불호에 따라 강력한 선호요인이 되기도 한다.

상대의 머릿속에 강하게 인지될 수 있는 나만의 독특한 차별점은 결국 내 안에서 발현되는 특질이어야 한다. 겉보기 좋은 포장같이 일시적으로 흉내 내거나 시대적 트렌드에 따라 이리저리 휘몰리는 특성은 진정성이 없게 느껴진다. 그래서 자신만의 변하지 않는 본질을 찾아 자신의 정체성을 확립해야 한다. 에릭슨E. H. Erikson은 정체성에 대해 "변하지 않는 존재의 본질을 깨닫는 성질, 또는 그 성질을 가진 독립적 존재"라고 정의하였다. 그는 타인과 구별되는 한 개인으로서 현재의 자신은 언제나 과거의 자신과 같으며 미래의 자신과 이어진다고 생각하였다.

정체성을 가지고 살아야 하는 중요한 이유는 그것이 바람직한 삶의 시작점이기 때문이다. 정체성이 뚜렷한 사람은 자신의 삶을 주체적으로 산다. 자신에게 가장 중요한 것, 가치가 있는 것, 좋아하거나 싫어하는 것, 잘하거나 못하는 것 등을 스스로 선택한다. 자신이 선택한 부분에 책임을 지면서 앞으로 더 나은 선택을 할 수 있는 경험을 축적시킨다. 이러한 선택은 더 나은 삶을 살게 되는 근간이 된다. 따라서 정체성을 가지고 출발하는 삶은 좋은 삶으로 나아가는 바람직한 모습이다. 그렇다면 정체성은 어떻게 만들어지는 것일까?

정체성에 대한 접근은 '나는 누구인가?'란 질문으로 시작한다.

정체성 identity: 나는 누구인가?

아이덴티티, 정체성은 자신이 어떠한 사람인지를 타인에게 이해시킬 수 있는 다양한 유형을 내포한다. 이름이나, 부모, 혈연집단과의 관계, 사회적 집단의 귀속 등이 표현 수단이 되고, 더 나아가 외모, 계속성이 있는 신체적 특성 같은 외향적 이미지도 포함된다. '나는 누구이다.'라고 타인에게 내세울 수 있는 자신만의 독특함을 명시하는 것이 아이덴티티이다. 이렇기에 상대가 납득할 만한 아이덴티티를 제시하지 않으면 사회적 관계가 어려워질 수도 있고 신뢰를 받기도 어렵다.

누군가가 당신에게 '당신은 누구인가?'라고 질문을 한다면 어떻게 대답할 것인가?

이런 질문을 받는다면 대다수가 자신이 사회적 위치에 맞는 역할로 답변을 할 것이다. 학교의 학생 신분이거나 회사 내 역할을 말하거나 단체 내의 직급을 설명한다. 이런 답변은 사회적 위치에 대한 이해는 되지만 그 사람의 본질을 이해하기는 어렵다. 즉 정체성을 설명하기엔 빈약하다.

'당신은 누구인가?'란 질문에 자신의 가치를 담은 문장으로 설명하는 경우가 있다. 자신을 대표적으로 표현하는 형용사와 명사들을 나열해서 문장을 만들어 자신을 소개하는 방식이다. 이 방식 또한 자기 본질의 단편만을 보여주게 된다. 그래서 자신의 정체성을 표현하는 가장 좋은 방법은 자신이 살아온 인생 스토리를 표현하는 방법이 선호된다. 자신의 삶에서 특별히 기억에 남는 중요한 몇 가지의 사건과 관련된 스토리를 전달함으로써 그 이야기 안에 녹아있는 본질적 자아인 정체성을 만나게 되는 것이다.

타인에게 자신을 인식시키기 위해서는 자신의 정체성을 바탕에 둔 독특성이 발현될 때 상대는 나를 인지하고, 그 인지가 거듭될수록 좋은 기억인 선호로 발전될 수 있다.

Solution_ 나의 정체성 확립기

나의 정체성을 확립한다는 말은 나의 가치관을 확립한다는 말과 맥락을 같이 한다. 자신의 가치관을 정립할 때 스스로에게 던지는 질문이 세 가지 있다.

- 나는 왜 존재하는가?
- 내가 가장 중요하다고 생각하는 것은 무엇인가?
- 나는 어디로 갈 것인가?

이 세 가지는 가치관을 정립하는 핵심 요소로서 첫째 나의 존재의 이유는 사명mission, 둘째 내가 가장 중요하다고 생각하는 것은 핵심 가치core value, 셋째 나의 미래의 방향은 비전vision으로 나뉜다. 이는 기업의 가치관을 정립하는 것과 같은 맥락이다. 기업 또한 같은 방법으로 기업의 가치관을 정립하고 모든 의사결정의 기준으로 삼고 기업을 이끈다. 마찬가지로 개인의 가치관 또한 자신과 관련된 의사결정을 이끄는 기준이 된다. 위의 세 가지 질문은 정체성을 정립하는 핵심 요인과 일맥상통한다. 그렇다면 위의 질문을 바탕으로 나의 정체성을 정립하여 가치관을 확립하고 거기에 맞는 의사결정과 행동을 이어갔을 때 신뢰가 바탕이 된 휴먼브랜드로 성장해 나갈 수 있을 것이다.

나는 왜 존재하는가?

이 질문은 나는 누구인가? 로 구체화 될 필요가 있다. 나는 누구인가에 대한 궁극의 답은 나의 존재 이유로 귀결된다. 이는 나란 존재의 현시점을 파악하고 자신이 가장 좋아하고 바라는 이상적 자아의 모습을 담고 있기에 자신의 존재 이유인 사명으로 표현된다.

내가 가장 중요하다고 생각하는 것은 무엇인가?

이 질문은 내가 가장 좋아하는 것, 잘하는 것, 특징적인 것, 가치 있다고 여기는 것 등과 같이 자신의 삶에 녹아있는 일상과 같은 것들이다. 이는 생활에서 일어나는 사소한 것들에서부터 중요한 것에 이르기까지 모든 의사결정에 중심에 있는 핵심 가치이다. 이것들에 대한 구체적 적립이 나의 정체성 확립에 중요한 부분이다.

나는 어디로 갈 것인가?

이 질문은 나의 미래에 대한 방향성에 대한 것으로 현재 생각하고 행동하는 목표와 관련되어 있다. '목표가 없는 사람은 목표가 있는 사람의 평생 하인이다.'라는 말이 있다. 그만큼 목표 설정은 매우 중요한 부분이고 정체성 확립의 마지막 단계로 상대에게 자신의 미래 비전을 알려 서로 동일시할 수 있는 가치를 공유할 수 있다.

정체성을 정립한다는 것은 좋은 삶의 시작점이라 할 수 있다. 뿌리 깊은 나무와 같이 과거에서 현재 – 미래에 걸쳐 펼쳐진 삶이 올바른 방향으로 흘러간다는 것은 바람직한 삶의 여정을 말하는 것이다.

그리고 중요한 것은 정체성의 확립을 통한 좋은 삶은 자신의 자존감을 충족시켜준다는 것이다. 즉 정체성의 확립을 통한 좋은 삶은 자아존중감 – 스스로를 사랑하고 가치 있는 존재라 여기는 – 을 높여 준다.

자존감이 휴먼브랜드의 독특성 발현과는 어떤 관계가 있을까?

자존감이야말로 모든 미덕의 초석이다

- 존 허설(영국 천문학자) -

26

자존감

- 나를 가장 많이 사랑하는 나 -

상대의 머릿속에 기억되기 위해서는 남다른 무엇인가가 있어야 한다. 인간은 하루에도 수만 가지의 자극을 받고 산다. 그런 다양한 자극 속에서 기억에 남는다는 것은 평소에 관심이 있는 분야이거나 나의 손익에 직접적인 관여가 있는 것이거나 아주 독특한 것일 때 가능하다. 사람 관계에서도 마찬가지이다. 내가 호감이 가는 사람이거나 나의 일과 밀접한 관계가 있거나 남들과 차별된 독특함을 가진 사람들이 기억에 남을 것이다. 휴먼브랜드가 되기 위한 출발점은 대중의 뇌리에 남는 것이다. '한 번 보고 두 번 보고 자꾸만 보고 싶네.'라고 하듯이 대중에게 슬며시 노출되어 자연스럽게 기억되면서 호불호가 만들어지는 것이다. 호가 되면 휴먼브랜드로 자연스럽게 인지되지만, 불호는 모르니만 못한 관계가 될 수 있다.

독특함만이 목적이라면 다양한 방법이 있을 수 있다. 자극적이고 비범하면서 미친 짓에 가까울수록 독특함은 달성하기 쉬운 목표가 될 수 있다. 하지만 독특함 뒤에 이어질 선호도를 생각한다면 독특함의 방향은 우호적으로 선회해야 한다. 즉, 대중이 좋아하는 방식의 독특함이어야 한다는 것이다.

상대의 기억 속에 자리 잡는 방법은 여러 가지가 있겠지만 가장 먼저 해야 할 것이 있다. 독특함의 근원은 자기 스스로를 사랑하는 데서 시작해야 한다는 것이다. 스스로에 대한 존중과 사랑이 바탕 되지 않은 독특함은 뿌리 없는 수련같이 물결 따라 이리저리 흔들리다가 없어져 버리는 꼴이 될 수 있다. 자기 스스로에 대한 믿음과 사랑, 그리고 존중이 바탕이 될 때 그 누구와도 차별되는 강한 인지의 요인인 독특함이 발현될 수 있는 것이다.

그렇다면 자신을 가장 사랑하는 방법은 무엇일까?

자아존중감_ 나를 가장 많이 사랑하는 나

누군가에게 인지되고 기억되기 위해서는 독특한 차별점은 매우 중요한 요인이다. 하지만 자기 스스로에 대한 깊은 신뢰와 사랑이 바탕이 되지 않은 독특함은 매력적인 요인이 되기 힘들다. 자기 스스로에 대한 애정이 바탕 된 독특함은 그 사람만의 개성과 매력으로 인지되기 쉽다. 그래서 독특성을 발현하기 위해서는 자기 스스로에 대한 사랑과 신뢰인 자아존중감이 전제되어야 한다.

자아존중감. 줄여서 자존감self esteem은 어떻게 정의 내려지는가?

말 그대로 자아존중감은 자신을 존중하고 사랑하는 마음을 의미한다. 자기 스스로 가치 있는 존재라 인식하고 자신의 능력을 믿고 자기 주변에 영향력을 미쳐 스스로 통제할 수 있다는 일종의 자기 확신을 말한다.

세상에서 나 자신을 가장 많이 사랑해야 할 사람은 자기 스스로여야 한다. 자신의 가치와 영향력에 대한 믿음과 애정이 있어야만 성장이란 결과를 얻을 수 있다. 일신우일신 하기 위해서는 자신의 가치를 높이고 주변과의 관계를 넓히고 더 선한 영향력으로 거듭날 때 가능하다. 그렇다면 스스로를 사랑하고 존중하는 마음을 키우기 위해서는 어떤 노력을 해야 할까?

Solution_ 자존감을 키우는 세 가지 방법

누군가를 존중해본 경험이 있을 것이다. 우리는 과연 어떤 사람을 존중할까? 대다수가 세 가지가 충족될 때 그럴 가능성이 커진다.

첫째는 상대가 나에게 가치 있는 사람으로 느껴질 때이다. 둘째는 상대의 능력이 나에게 필요하거나 매력적일 때이다. 마지막으로 상대가 나를 적당히 통제하면서 나를 이끌 때이다. 이런 타인에 대한 존중감은 나 자신을 존중할 때도 비슷하게 나타난다.

자기 스스로를 사랑하고 존중하는 마음은 크게 세 가지가 충족될 때 나타난다.

첫 번째는 가치의 차원이다. 자기 스스로 가치 있다고 생각해서 좋아하는지, 혹은 타인이 자신에 대해 얼마나 가치 있다고 좋아하는지에 대한 평가의 정도로 알 수 있다. 예를 들어 '나는 내가 좋아' 그리고 '사람들은 나를 좋아해'라는 스스로에게 부여하는 가치가 크면 클수록 자존감은 높아진다는 것이다. 그래서 상대적으로 자신에게 엄격한 사람이 자존감이 낮을 수가 있고 낙천적이고 긍정적인 사람이 자존감이 높을 수가 있다. 하지만 가치 있는 삶을 위해 계속해서 노력하는 사람의 자존감이 점점 높아지는 경우도 많이 보인다.

두 번째는 능력의 차원이다. 자기 스스로 능력이 있다고 믿는 것으로 나에게 맡겨진 과제나 내가 정한 목표를 완수하고 성취할 수 있다고 자신하는 정도를 말한다. 예를 들어 '나에게 맡겨봐. 틀림없이 잘 해낼 수 있어' 또는 '나는 내가 하고 싶은 일을 끝까지 잘 해낼 수 있어'라는 스스로의 능력에 대한 확신이 클수록 자존감은 높아진다. 그렇기에 더 큰 자존감을 키우고 유지하기 위해 끊임없이 자기 계발을 하면서 능력을 발전시키려 노력하는 것이다.

세 번째는 통제의 차원이다. 다른 말로 영향력을 가진다고 뜻으로 자신의 주변에서 벌어지는 상황에 영향을 미칠 수 있고 통제할 수 있다고 믿는 정도를 말한다. '내가 주장하는 대로 사람들을 이끌 수 있어', '나로 인해 주변을 더 나아지게 만들 수 있어'와 같이 스스로가 주변 사람들과 상황에 미치는 영향력이 클수록 자존감도 높아진다. 휴먼브랜드의 가장 큰 무기는 영향력이다. 그래서 대다수의 휴먼브랜드는 높은 자존감을 지니고 있다. 그러다 보니 영향력의 차이에 따라 자존감의 고저 현상도 비례적으로 나타나기도 한다.

이렇듯 자신을 사랑하고 존중하게 되는 데는 많은 요인이 있겠지만 위의 세 가지가 매우 중요한 요인이며 이를 위해 노력할 때 더 높은 자존감을 유지할 수 있을 것이다.

자존감은 인생을 열심히 살았을 때 결과로 주어지는 선물이지 그 자체로 추구해야 하는 목표는 아니다. 그리고 자아존중감은 개인의 삶에서 느끼는 행복감에 매우 중요한 영향을 미친다. 자존감이 무너지는 것은 한 인간으로서 가장 큰 비극일 수 있다. 또한, 자존감을 회복하는 것은 행복해지는 지름길이기도 하다.

• 잠깐 • 삼천포

여기에서 자존감과 자존심은 구분되어야 한다.

자존감은 존중의 원천이 상황과 관계없이 스스로에 대한 확고한 존중을 의미한다면 자존심은 상대방과의 비교와 평가를 통해 얻게 되는 자기 만족감을 의미한다. 자존감은 아침 눈을 떠서부터 저녁 눈을 감을 때까지 내재적으로 나타난다면 자존심은 언제 어디서 누구와 어떤 상황에 있느냐에 따라 불현듯 발현되는 마음인 것이다.

27

경험

- 내 삶의 흔적 -

젊어서 고생은 사서도 한다고 하면 요즘 젊은이들은 효율 없다고 공감하지 못할 수 있다. 하지만 젊어 경험은 사서도 한다고 하면 공감할 것이다. 나의 삶을 소설로 쓴다면 대다수가 나만이 경험한 특별한 순간들을 엮을 것이다. 경험은 인생의 흔적이고 내 삶의 발자취이다. 경험이 쌓이면 스펙이 쌓이는 것이고 전문성이나 탁월함이 높아진다. 특별한 경험은 특별한 능력으로 인정되고 그 경험의 토대가 더 큰 발전 가능성으로 이어진다. 그래서 많은 부분에서 경험이 중요하게 차지한다.

휴먼브랜드의 일거수일투족은 많은 대중의 관심 속에 있기 때문에 그들의 일상적 경험은 대중에게 큰 영향을 미친다. 그들이 방문한 지역이 관광 명소가 되고 그들이 방문한 식당이 맛집이 되고 그들이 입은 옷이 매진되고 그들이 추천한 제품이 베스트셀러가 되기도 한다. 그들의 영향력은 그들의 일상에 있는 작은 경험들에서 비롯된다.

그렇다면 더 영향력 있는 휴먼브랜드로서의 삶을 준비하기 위한 다양한 경험은 어떻게 축적되어야 하나?

Solution_ 경험의 축적

경험은 다양하게 많이 할수록 좋은 것일까? 경험을 축적하는 데도 나름의 전략이 필요하다. 축적이란 단어의 의미는 단순하게 쌓는다는 의미를 넘어 쌓아 올려서 더 큰 발전이나 성장을 일으킨다는 의미를 내포하고 있다. 단순히 많은 경험이 아닌 경험의 토대 위에 더 진보한 경험이 쌓여 더 큰 증강이나 강화 효과를 낸다는 의미이다. 그렇다면 성장을 위한 경험의 축적은 어떻게 하는 것일까?

첫째, 유의미한 경험을 해야 한다. 유의미한 경험은 경험의 성과가 우수함을 의미하는 것이 아니라 경험 후 과정을 통해 얻은 가치가 나의 성장에 의미 있는 도움이 되었는가의 문제이다. 경험이 주는 성과에 의해 기뻐하고 발전하는 것도 중요하지만 실패한 경험을 통해 자숙하고 배우는 것이 더 중요할 수 있다. 가장 안 좋은 것은 실패한 경험을 운이 없다거나 기분 나쁜 것으로 치부해 버리고 끝내 버리는 것이다. 예를 들어 걷다가 돌부리에 걸려 넘어졌을 때 오늘은 재수 없는 날이라며 기분 나빠하고 끝내 버리면 그 경험은 무의미한 것이다. 아니 최악의 경험이다. 반면 돌부리에 넘어진 경험을 토대로 다시는 이런 일이 없도록 준비하고 조심하는 태도를 가져야겠다고 맘먹는 것은 유의미한 경험이다. 같은 경험을 대하는 태도에 따라 성공과 실패의 의미가 달라지는 것이다.

여기에서 더 중요한 것은 성과가 낮거나 실패한 경험을 반복해서는 안 된다는 것이다. 똑같은 실수를 같은 장소에서 같은 사람이 반복하는 것만큼 어리석은 일도 드물 것이다. 하지만 실패의 반복이 다 어리석은 것은 아니다. 에디슨은 전구를 만들기 위해 같은 실험을 6000번을 했다고 한다. 이것은 6000번의 실패가 있었다는 사실이고, 6000번의 다른 방법의 시도, 즉 6000번의 새로운 경험의 축적이라 할 수 있다. 다시 말해 전구가 만들어지지 않는 6000번의 방법을 경험한 것이다. 여기에서 경험의 중요한 전략인 경험의 심도를 고려해야 한다.

둘째, 심도 있는 경험을 축적해야 한다. 얕고 다양한 경험의 횟수보다는 심도 있는 경험이 전문성과 탁월성을 높여준다. 경력자 우대란 말은 결국 어디까지 경험해 봤는가가 중요한 스펙이 됨을 의미한다. 6000번의 축적된 심도 있는 경험이 성공의 발판이 되었기에 실패에 대해서 관대할 수 있는 것이다. 만약 실패만 거듭하고 성공을 이루지 못했다면 축적된 경험 또한 무의미한 시간 낭비만 될 뿐이다. 그렇게 하지 않기 위해 마지막까지 열정으로 최선을 다하는 끈기가 필요한 것이다.

경험의 축적은 다양한 경우의 수에 대한 가치를 만들어 준다. 경험의 수가 경우의 수로 나타나는 것이다. 경우의 수가 많다는 것은 대안을 모색하기 좋고 다변화 시대에 다양한 전술을 구사하기 좋다. 지금은 답이 아니어도 언젠가는 유용한 솔루션을 제공할 경우의 수가 되는 것이다.

젊어서 경험은 나이가 들어서 유용한 자산이 된다. 이 말은 경험에도 나이와 시기가 있다는 말을 내포한다. 돌부리에 걸려 넘어지는 경험이나 전구를 만들기 위한 다양한 실험 경험이나 결국엔 더 큰 성공을 위해 축적되어 결과로 나타나야 한다. 모든 경험이 일과 성공에만 연관될 수는 없다. 삶을 더욱 풍요롭게 설계하기 위해서는 재미와 의미를 담은 행복한 경험들이 중요하다. 여행이든 쇼핑이든 미팅이든 미식이든 문화 예술과의 만남이든 삶을 풍요롭게 만드는 다양한 경험은 몸과 마음의 순화를 통해 더 큰 집중을 유도해 낼 수 있다. 이런 경험은 내가 몰입하는 무엇인가를 해결할 영감을 주기도 하고 새로운 파트너를 만날 기회를 주기도 한다. 어떤 경험이든 나에게 유의미하며 심도 있는 경험이라면 어떤 투자도 아끼지 말라고 조언해 주고 싶다. 이것들은 결국 나를 구성하는 스토리가 되고 나를 기억하는 히스토리가 될 것이다.

어릴 적 학교 운동장에 일렬로 서서 땡볕에 교장 선생님의 훈화 말씀을 들은 기억이 있을 것이다. 대부분이 날씨 이야기로 시작해서 나라에 충성하고 부모에 효도하며 스승에게 감사하는 교과서적인 이야기로 마무리되는 지루하고 따분한 말씀이었던 걸로 기억한다. 하지만 수십 년이 지난 지금도 기억에 남는 훈화 말씀이 있다. 그날은 교장 선생님께서 평소 입으시던 통 넓은 양복 대신에 점퍼 차림으로 단상에 오르셨다. 그러시면서 첫 말씀이 40년 전에 당신이 지금의 우리 나이였다면서 본인이 우리 시절에 겪은 한 토막의 이야기를 들려주셨다.

어머님께서 남의 집 일을 도와주시고 먹을 것을 좀 얻어오셨는데 그중 누룽지 한 덩이가 있었다. 배고프고 허기진 상태에서 누룽지는 천하일미 못지않은 귀한 음식이었다. 어머니는 형과 자신에게 누룽지를 주시며 나눠 먹으라 했다. 형이 자신에게 누룽지를 너무 작게 떼어줘서 화가 난 선생님은 형의 누룽지를 빼앗아 냅다 도망쳤다. 형은 미친 듯이 쫓아왔고 선생님도 온 힘을 다해 달아났다. 그러다가 돌부리에 걸려 넘어지면서 누룽지 덩이를 땅에 떨어뜨렸다. 때마침 그 옆을 지나가던 개가 누룽지를 물고 달아났다. 그것을 본 형과 교장 선생님은 그 개를 쫓아 뛰었지만 잡지 못했다. 결국은 아무도 누룽지를 먹지 못하고 울면서 집에 왔더니 어머니께서 감자를 삶아주셔서 정말 맛있게 먹었다. 형은 처음엔 동생에게 화를 냈지만, 그 뒤엔 개에게 화가 났고 형제는 다음 날부터 개를 찾아 복수하겠다고 의기투합했었다.

교장 선생님께서는 40년 전의 일을 마치 어제 있었던 일인 것처럼 생생하게 이야기해 주셨고 우리는 그 이야기에 심취해 개에게 복수는 어떻게 했는지 궁금해하며 끝까지 이야기에 집중했었다.

이야기는 힘이 있다. 이야기가 가진 힘은 여러 가지가 있다.

첫 번째, 이야기의 힘은 기억하기 쉽다는 것이다. 어제 읽은 신문의 사설은 기억이 가물가물해도 어린 시절 엄마가 읽어 주시던 동화책의 이야기는 아직도 기억한다. 구전동화가 수백 년을 거쳐 전해지는 것은 바로 많은 이들이 자연스럽게 기억하고 그 기억을 다시 소환해서 이야기로 펼치기 때문일 것이다.

두 번째, 이야기의 힘은 강력한 몰입을 유도한다는 것이다. 장편 드라마의 회당 마지막 신은 항상 그다음 편을 궁금하게 만들면서 엔딩으로 이어진다. 이것은 그다음 편이 방영될 때 사람들을 TV 앞에 불러 모으는 막강한 힘을 가진다. 꼬리에 꼬리를 무는 이야기의 전개는 흥미와 박진감을 유도한다. 이런 감정은 자신에게 이입되어 엄청난 몰입을 유도한다. 몰입은 기억의 강도를 높인다.

마지막으로 이야기의 힘은 장기 기억 장소에 저장된다는 것이다. 팩트는 단기 기억이 된다면 스토리는 장기 기억으로 저장이 용이하다. 40년 전의 교장 선생님이 겪은 일을 마치 어제 일같이 기억해서 이야기하고 또 그 이야기를 들은 사람이 40년 후에 거의 비슷하게 이야기로 전할 수 있다는 것은 전달 방식이 스토리텔링 형태였기 때문이다.

이같이 이야기로 전달하는 방식은 기억하기 좋고 몰입을 유도하며 오랫동안 왜곡 없이 전달 가능하다는 것이다.

이러한 이야기는 주체가 가지는 영향력에 따라 단순한 스토리를 넘어 히스토리가 될 수 있다.

28
히스토리텔링
- 경험의 자서전 -

탈모로 자존감이 낮아지고 사회관계에 문제가 있었던 사람이 가발 사업을 시작으로 제2의 인생을 시작해서 승승장구하는 스토리, 밀가루 소화 인자가 없어 음식 때문에 극심한 스트레스로 우울증에 걸렸던 사람이 글루텐 프리 음식을 만들어 대박 난 스토리, 어려서부터 환경에 관심이 많아 폐자재를 이용해서 가방을 만들어 인류에 공헌하는 기업을 만든 스토리 등등 한 인간이 필연적 계기를 만나 운명적으로 성공한 스토리는 많은 이들에게 공감을 자아내고 회자된다.

휴먼브랜드의 독특성은 그들만이 가지는 이야기를 통해 꽃을 피운다. 꽃이 품은 향기는 바람을 타고 세상으로 퍼져 많은 나비와 벌을 부른다. 이것이 바로 영향력이다. 휴먼브랜드가 차별화된 독특성을 가진다는 것은 많은 사람이 기억하고 애착을 가지며 확산시킬 수 있는 강력한 매력을 가진다는 것이다.

자서전 쓰는 것을 버킷리스트로 가진 사람들이 주변에 많다. 무엇인가 자신의 발자취를 남겨 후세에 의미 있는 존재로 기억되고 싶은 욕구의 발현이기도 하다. 이러한 자서전에 주로 담기는 내용은 살면서 경험한 독특한 스토리로 구성이 된다. 다양한 에피소드가 담긴 스토리는 삶의 여정과 역사를 내포하며 자신의 철학과 가치관이 잘 드러나 있다. 이런 풍부한 이야기들이 엮여 가치를 발현할 때 결국 자신만의 히스토리가 되는 것이다. 이러한 히스토리가 휴먼브랜드의 독특성 발현에 기여하려면 스토리가 가지는 몇 가지 핵심 요소에 대한 이해가 있어야 한다. 소 없는 찐빵을 끝까지 맛있게 먹기는 힘들다. 스토리에 담겨 있는 팥소는 어떤 것들이 있을까?

Solution_ 키 메시지에 스토리를 입혀라

휴먼브랜드의 스토리는 말 그대로 휴먼스토리여야 한다. 옛날 동화 속에 펼쳐진 권선징악과 해피엔딩이 난무하는 뻔한 스토리가 아닌 그 사람의, 그 사람에 의한, 그 사람을 위한 스토리여야 한다. 스토리가 히스토리가 되고 히스토리가 히스토리텔링이 되기까지는 두 가지의 요소 - 의미와 재미가 있어야 한다. 아무리 의미 있는 스토리여도 재미가 없으면 기억되기 어렵고 의미가 없으면 전파되기 힘들다. 그래서 기억되고 전파되기 위해서는 몇 가지 중요한 요소가 담겨야 한다.

첫째, 전달하고자 하는 핵심 - 키 메시지가 담겨야 한다.

역사 발전이나 인류 공영과 같이 원대한 포부나 가치가 담기지 않더라도 한 인간이 이 이야기를 통해 느끼고 배운 점에 대한 시사적 핵심 키워드가 담겨 있어야 한다.

예를 들어 일반인들에게는 콤플렉스나 트라우마로 남아있을 사건이나 사고를 자신만의 방법으로 극복해서 더 큰 성장을 이룬 이야기들이나 어렵고 힘든 상황에 지혜와 열정으로 이겨낸 이야기들 등이 소재가 된다. 이런 상황에서 이겨낼 수 있었던 힘의 원동력이 키 메시지이다. 집안의 대들보같이 이야기의 중심축을 이루어 흐름의 방향을 잡아주고 목표 지점을 제시해 주는 방향키인 셈이다.

둘째, 등장인물과 주인공이 있어야 한다. 다큐는 재미없다. 재미없는 이유는 주인공이 없기 때문이다. 주인공이 없는 이야기는 감정 이입을 유도하기 힘들다. 감정 이입이 어려운 이야기는 흥미를 끌기 어렵고 결국엔 재미없어 외면하게 된다. 등장인물의 개성이 다양하고 주인공의 매력이 높을수록 몰입도가 높아지고 감정 이입이 더 잘된다. 끝까지 함께 하면서 주인공을 응원하고 그의 행보에 관심을 가진다.

셋째, 이야기 속에 극적인 재미 요소가 있어야 한다. 명상이나 요가 할 때 듣는 음악은 졸리게 만든다. 강약과 장단이 있는 다이내믹한 음악은 잠을 깨운다. 이렇듯 이야기 안에도 다이내믹한 극적 요소들이 등장해야 한다. 대표적으로 상상을 초월하는 반전이나 갈등, 심금을 울리는 감동 메시지가 담겨야 한다. 이는 이야기의 몰입도를 높이는 핵심 요인으로 이야기 속 적절히 배치되어야 끝까지 긴장감을 놓지 않게 할 수 있다.

마지막으로 가장 중요한 스토리는 진정성이 담긴 본인의 이야기여야 한다. 어디서 들어본 듯한 뻔한 감동 스토리는 오히려 신뢰를 잃게 되는 경우가 된다. 보다 더 재미를 위한 MSG 첨가 또한 진정성에 의심을 살 수 있다.

휴먼스토리는 휴먼브랜드가 되는 과정에서 기폭제 역할을 한다. 남들보다 차별화된 특별한 사람의 자서전에 담긴 스토리에 많은 이들의 관심을 가지게 된다. 그 히스토리는 현재의 그와 미래의 그를 이해하는 중요한 단서가 될 것이다. 삶에 재미와 의미를 부여하는 다양한 경험을 통해 자신만의 차별화된 독특한 스토리를 만들어보자. 이는 한 인간의 삶을 더욱 가치 있고 의미 있게 만드는 중요한 사건이 될 것이다.

세상에서 가장 영향력 있는 사람은 스토리텔러이다.

- 스티브 잡스, 애플 前 CEO -

29

리포지셔닝

- 인생 1막, 2막, 3막, 그다음은? -

주변을 살펴보면 여러 가지 의미에서 인생을 새 출발 하는 경우가 있다. 본인의 의지로 출발하는 경우도 있지만, 상황이나 여건에 의해 만들어지는 경우도 있다. 흔한 예로 나이에 의해 구분되는 새 출발이 있다. 미성년에서 성년으로, 청년에서 중년으로, 중년에서 노년으로 바뀌는 시점에 인생의 2막이 시작된다고 말하기도 하고, 수십 년간 다니던 직장을 그만두는 은퇴 시점에서, 또는 큰 병마와 싸워 이겨 새로운 건강한 몸을 얻었을 때도 인생 2막이 펼쳐진다고 한다. 결혼이나 구직에 의한 새로운 출발도 인생의 큰 전환점으로 많은 변화를 경험할 수 있는 기회이다.

새로운 시작은 항상 설렌다. 설렘에는 기쁨도 있지만 두려움도 있다. 새로운 것은 기대하게도 하지만 도전에 대한 두려움과 실망을 만들기도 한다. 하지만 두려움보다는 기대감이 더 크기 때문에 인간은 항상 새로운 것에 도전하고 설레하는 것이다. 그러면서 변화된 환경에 잘 적응하고 이끌어 가기 위한 노력에 심혈을 기울인다.

휴먼브랜드의 새로운 출발은 무엇일까? 대중에 대한 높은 인지도와 선호도를 바탕으로 막강한 영향력을 발휘하는 휴먼브랜드의 인생 2막 혹은 3막은 어떻게 나타날까?

휴먼브랜드 확장

브랜드 확장은 마케팅 용어로서 신제품에 기존 브랜드를 연결해 소비자가 쉽게 접근할 수 있도록 하는 브랜드 관리 전략이다. 브랜드 자산을 활용한 대표적인 마케팅 전략의 한 방법으로 기존 브랜드에 대해 소비자가 가지고 있는 인지도, 선호도, 충성도 등을 활용하여 신제품의 성공 확률을 높이는 것이다. 여기에는 동일한 제품군에서 확장하는 라인 확장과 다른 제품군으로 확장하는 카테고리 확장이 있다.

이러한 브랜드 확장 전략은 휴먼브랜드에게도 적용이 된다. 휴먼브랜드 또한 전략적 관리를 통해 자산 가치를 향상시키는 브랜드 관리의 관점에서 브랜드 확장을 고려해야 한다. 저자는 휴먼브랜드 확장의 유형을 라인 확장, 카테고리 확장, 공동브랜드의 3가지 유형으로 구분하였다.

첫째, 라인 확장은 기존 브랜드 네임을 사용하는 동일한 제품군에서 새로운 제품을 출시하는 것을 의미한다. 라인 확장을 휴먼브랜드에 적용하면 휴먼브랜드가 기존의 활동 영역에서 활동의 다양성을 추구하는 것으로 해석될 수 있다. 예를 들어, 가수가 신곡 발표나 콘서트를 열거나 뮤지컬 배우로 도전하는 것, 학자가 논문 발표 또는 저술 활동 및 강연 활동을 하는 것, 연기자가 드라마나 연극 또는 영화로 확장해서 다양하게 활동 영역을 넓히는 것들을 포함한다. 이는 휴먼브랜드의 핵심 역량 안에서 활동 영역을 확장하는 것을 말한다. 이러한 라인 확장을 가장 일반적이고 리스크가 가장 적으며 대중의 기대와 신뢰를 유지하게 한다.

둘째, 카테고리 확장은 기존의 동일한 브랜드 네임을 사용하면서 서로 다른 제품군에서 새로운 제품을 출시하는 것을 의미한다. 이것을 휴먼브랜드 확장에 적용하면 휴먼브랜드가 전문성을 가진 기존 활동 영역에서 벗어나 새로운 활동 영역으로 확장하는 것을 의미한다. 예를 들어 가수가 연기나 사업을 하는 것, 사업가가 방송 활동이나 정치계로 입문하는 것, 운동선수가 연예인이나 사업가로 활동하는 것, 연기자가 앨범을 내거나 책을 발간하는 것 등이 이에 속한다. 휴먼브랜드의 카테고리 확장은 예전에 비해 훨씬 많아졌고 여러 가지 활동 영역을 동시에 소화하기도 한다. 한 번에 방송 활동과 사업을 병행하면서 예술 활동과 정치 활동에도 참여하는 경우가 생기는 것이다. 카테고리 확장은 리스크는 높지만 성공적인 결과를 내었을 때는 휴먼브랜드 영향력 확장에 가장 좋은 전략이 된다.

셋째, 공동브랜드는 두 개 이상의 브랜드가 하나의 상품을 창출하기 위해 결합하는 것을 의미하는 것으로 제휴, 연합, 콜라보레이션 등과 혼용되어 사용되고 있다. 공동브랜드를 휴먼브랜드 확장에 적용하면 휴먼브랜드가 가지는 무형의 자산 가치인 영향력과 기존 브랜드와의 제휴를 통해 새로운 상품을 출시하는 것을 의미한다. 가수가 자신의 이미지와 맞는 헤드폰 제작에 참여하거나, 연예인이 자신의 이름을 딴 향수나 화장품, 또는 패션 브랜드와의 콜라보, 운동선수가 헬스 기구 개발에 참여하는 등을 의미한다. 휴먼브랜드가 공동브랜딩에 참여하는 것은 자신의 가치를 전이시켜 활동하는 것으로 휴먼브랜드 확장의 특별한 유형으로 간주할 수 있다.

이렇듯 휴먼브랜드는 크게 3가지로 대표되는 확장의 유형을 통해 자신의 이름, 신뢰성, 전문성과 영향력 등의 무형 가치를 다양한 영역으로 전이시켜 활동한다.

휴먼브랜드가 새로운 출발 시점 – 브랜드 확장 – 에 앞서 준비해야 할 것들은 무엇일까? 큰 변화와 새로운 도전 앞에서 단단히 무장해야 할 것들은 새로운 판에 가장 잘 어울리는 자신의 이미지를 포지셔닝 하는 것이다. 이는 삶의 가치관과 철학을 바탕으로 더 성장하고 성숙하기 위한 이미지 계획을 세우는 것이다. 기존에 가지고 있는 이미지가 그대로 이어지는 것은 성장이라 하기 어렵다. 새로운 도전에 맞는 이미지로 리포지셔닝 될 때 대중들도 함께 동조하며 새로운 도전의 성공을 축하해 줄 수 있다.

이 시점에 새로운 출발 – 인생 2막, 더 나아가 3막이 시작되는 것이다.

Solution_ 리포지셔닝, 새로운 나를 계획한다

가장 강력한 리포지셔닝이 필요할 때가 카테고리 확장을 할 때이다. 카테고리 확장은 기존의 영향력을 가진 분야에서 완전히 새로운 분야로 가치를 전이해서 활동하는 것을 의미한다. 그러므로 경험이 없어 생소하고 어려운 분야이다. 휴먼브랜드가 기존의 활동 영역에서는 높은 인지도와 선호도로 자신의 가치를 마음껏 펼칠 수 있었을지라도 새로운 분야에서 그 이상의 가치를 실현한다는 것은 쉬운 일이 아니다. 한 번 성공했기 때문에 그 자신감으로 무엇이든 잘 될 거란 믿음을 갖게 되었다면 그것은 치명적인 독이 될 수 있다. 주변에 사업으로 큰 성공을 거두었다가 전혀 다른 분야인 정치로 입문해 처참한 결과를 맞는 사례를 보게 된다. 또 방송 분야에서 성공했다가 사업 분야로 확장해 실패를 거듭하는 경우도 종종 보게 된다. 휴먼브랜드의 카테고리 확장은 매우 큰 역량 강화의 유혹이지만 성공의 관문은 매우 좁고 힘들다는 것을 알아야 한다. 그렇기에 휴먼브랜드의 영향력 강화를 위한 확장을 추진할 때 반드시 고려되어야 할 사항들이 있다.

첫째, 휴먼브랜드의 핵심 역량CORE DNA을 명확히 설정하고 확장의 방향성을 설정해야 한다. 여기서 핵심 역량은 휴먼브랜드가 가지는 차별화된 경쟁력을 말한다. 예를 들어 방송인이 정치 영역으로 확장해서 활동할 때 방송인으로서의 핵심 역량이 정치인으로 자연스럽게 전이되어야 한다. 다시 말해 방송 활동 당시의 자신의 차별화된 경쟁력이 성실성이었다면 정치인으로서도 성실을 가장 큰 주 무기로 활동해야 한다는 것이다. 핵심 역량의 전이는 대중들에게 자연스러운 동조를 이끌어낼 수 있다.

둘째, 새로운 분야로의 확장 시 신인의 마음가짐으로 시작해야 한다. 신인의 태도는 초심이며 새로운 것에 대한 열린 마음과 겸손의 마음을 포함한다. 전사의 화려한 영광이 후자에 이어지기 위해서는 새로운 분야에 대한 탐색과 차별적 경쟁우위를 위한 전략이 필요하다.

그러기 위해서는 처음 배울 때의 자세를 가지고 적극적으로 임해야 한다. 그것이 더 큰 도약을 위한 겸손의 발판이 될 수 있다.

셋째, 새로운 분야에서 전문성을 확보하기 위한 적극적 노력이 병행되어야 한다. 인간은 과거보다는 현재의 모습에 집중한다. 과거에 어떤 영광도 현재와 연결되어 진행되지 않는다면 영향력은 소멸할 수 있다. 그래서 새로운 분야로 확장했을 때는 기존 분야만큼이나 새로운 분야에서 전문성을 확보하기 위한 노력을 해야 한다. 이런 노력이 병행되어야만 자연스러운 전문성 가치의 전이가 이루어질 수 있다.

리포지셔닝은 새로운 나를 계획하는 첫걸음이다. 자신이 가장 잘하고 중요시하는 것을 기본에 두고 새로운 분야에서의 영향력 확장을 모색해야 한다. 인생 2막을 잘 출발하기 위한 첫 번째 전략인 리포지셔닝을 통해 차별화된 경쟁력을 갖추어 우선순위에서의 가치 발현을 실현하기 위한 노력을 해야 한다.

30

경쟁우위

- 결국은 선택받는 자 -

결국, 차별화의 목적은 경쟁우위이다.

독보적이지 않다면 경쟁은 필연적으로 따른다. 경쟁에서 우위에 서는 방법은 자신만의 독특한 차별점을 갖추는 것이다. 차별의 유형은 여러 가지가 있지만, 사회가 더 선호하는 경향에서의 차별적 우위만이 경쟁력이 있다.

휴먼브랜드의 영향력은 높은 인지도와 선호도에서 나온다. 남들과 비슷하다면 인지되고 기억되기 힘들다. 퍼플카우같이 눈에 확 띄는 차별화된 독특성이 있어야 한다. 그리고 그 독특성의 방향이 상대가 좋아하는 방향일 때 선호도의 상승으로 이어진다. 결국 휴먼브랜드의 영향력의 첫 단추인 인지도는 독특성에서 출발할 수 있다.

누구나 무분별하게 따라 하는 경향을 트렌드라고 명명하는 시대는 이제 갔다. 트렌드를 이해하고 그 안에서 자신만의 개성을 연출하는 것이 요즘의 추세이다. 그래서 개성 있는 자신만의 스타일을 만드는 것이다.

휴먼브랜드로서 영향력이 사라진다는 것은 더 이상 경쟁우위의 차별적 요소가 없어짐을 의미한다. 끊임없는 자기 성찰과 자기 계발만이 휴먼브랜드의 위상을 지켜주고 평판을 유지해 준다.

Solution_ 독특성을 측정하고 관리하라

밥을 먹고 물을 마셔야만 살 수 있다. 마찬가지로 배우고 새롭게 거듭나야만 살아남을 수 있다. 좋은 경향의 독특함은 강력한 차별 요인으로 경쟁우위를 유지해 준다. 나의 독특성 지수 체크를 통해 인지도를 높일 수 있는 다양한 노력이 필요하다.

독특성 관리 체크리스트 20 항목

5		독특성 질문지 Uniqueness Questionnaire	전혀 아니다	아니다	보통 이다	그렇다	매우 그렇다
			1점	2점	3점	4점	5점
1	자존감	귀하는 자기 자신을 진정 사랑하고 존중하는가?					
2	자존감	귀하는 자기 스스로 가치 있는 존재라 생각하며 사랑하는가?					
3	자존감	귀하는 자신에게 맡겨진 과제나 목표를 완수하고 성취할 수 있다고 자신하는가?					
4	자존감	귀하는 자신 주변의 상황에 영향을 미치고 통제할 수 있다고 믿는가?					
5	정체성	귀하는 자신에 대한 스스로의 확신이 명확한가?					
6	정체성	귀하는 옳고 그름에 대한 가치의 기준이 뚜렷한가?					
7	정체성	귀하는 삶의 철학과 일상에서의 행동을 일치시키기 위해 노력하는가?					
8	정체성	귀하는 자신을 굵고 짧고 명쾌하게 표현할 수 있는가?					
9	경험	귀하는 새로운 경험에 가슴 설레는가?					
10	경험	귀하는 자신의 전문 분야에서 다양한 경험을 축적하기 위해 애쓰는가?					
11	경험	귀하는 물질적 가치보다 경험적 가치가 더 소중하다고 생각하는가?					
12	히스토리	귀하는 자신의 특별한 경험을 담은 다양한 이야깃거리를 가지고 있는가?					
13	히스토리	귀하는 자신과 관련된 재미있고 의미 있는 스토리를 주변인들에게 말하는가?					
14	히스토리	귀하는 자신만의 스토리를 자서전이나 칼럼을 통해 남들과 공유하고 싶은가?					
15	리포지션	귀하는 시간이 지나면서 더 높고 장대한 목표를 가지게 되었는가?					
16	리포지션	귀하는 사회적 지위에 걸맞는 새로운 이미지가 필요하다고 느끼는가?					
17	리포지션	귀하는 새로운 이미지 변신을 위해 전문적이고 체계적인 노력을 기울이는가?					
18	경쟁우위	귀하는 자신의 전문 분야에서 독보적인가?					
19	경쟁우위	귀하는 자신이 관심 가지는 분야에서 특별한 존재로 인식되는가?					
20	경쟁우위	귀하는 비슷한 분야의 경쟁자들과 차별되는 독특한 무언가를 가졌는가?					

신뢰성	전문성	리더십	매력성	독특성	친밀성
진정성 성실성 일관성 개방성 리스크 관리 신뢰 관리	쾌통철학 열정 성과 창출 역량 강화 통찰 전문 관리	리더십 피라미드 카리스마 동기부여 지적 자극 개별적 배려 리더십 관리	매력 지수 나이 관리 페이스 관리 보이스 관리 패션 관리 매력 관리	아이덴티티 자존감 경험 히스토리텔링 리포지셔닝 경쟁우위	**관점 획득** **자기 개방** **소통** **유머** **인맥 관리** **애착 관리**

PART 7

관계의 정석/Intimacy

친밀한 관계를 유지하라

휴먼브랜드에 대한 대중의 관심은 단순히 좋아함을 넘어서 사랑에 가까운 애착으로 발전하는 경우가 많다. 휴먼브랜드에 대한 애착은 늘 가까이에서 자주 접하면서 생기는 친밀한 감정에서 유발된다. 요즘은 다양한 채널의 발전으로 TV나 콘서트나 행사를 통해서 만날 수 있었던 휴먼브랜드를 언제 어디서건 내 손 안에 있는 모바일을 통해 쉽게 만날 수 있다. 특히 요즘은 관찰 예능이 늘면서 휴먼브랜드 자신의 일상생활을 공유하는 채널도 늘었고 다양한 SNS 활동을 통해 직접 소통하는 채널이 많이 늘었다. 준사회적 상호작용이라 하여 직접적 면대면 관계가 아니어도 미디어를 통한 만남에서도 사회적 관계가 만들어지고 발전된다고 한다. 자주 보면 정들고, 정들면 아끼게 된다.

친한 사람과는 아낌없이 공유하길 바라는 것이 인간의 관계성 본능이다. 물론 휴먼브랜드의 입장에서는 자신의 공개 수위를 정하는 것이 중요하지만 적절한 소통을 위한 진솔한 자기 개방은 친밀감을 유발하는 데 중요한 요소이다.

본 장에서는 휴먼브랜드의 영향력 강화를 위한 전략으로 선호도를 높이기 위한 친밀감을 유발하는 다양한 전략에 대해 살펴보고자 한다.

31

관점 획득

- 상대의 눈에 비친 세상 이해하기 -

여기 한 청년이 양 갈림길 앞에 서게 되었다. 한쪽은 진실의 나라로 가는 길이고 나머지 한쪽은 거짓의 나라로 가는 길이다. 진실의 나라 사람은 진실만을 말하고 거짓의 나라 사람은 거짓만 말한다. 양 갈래 입구에 한 사람이 서서 안내하고 있다. 이 사람이 어느 나라 사람인지는 알 수 없다. 이 상황에서 청년은 이 안내자에게 한 가지 질문만 할 수 있다.

이 청년이 진실의 나라로 갈 수 있는 단 하나의 질문은 무엇일까?

당신은 언제 내가 보는 세상과 다른 사람이 보는 세상이 다를 수 있다고 느꼈는가? 아마 한참 어린 시절로 내려가야 그 해답을 찾을 수 있을 것이다. 내가 보는 시각적 관점과 타인이 보는 시각적 관점이 명백히 다를 수 있다고 느끼는 시점이 7세 정도의 나이라고 한다. 이 말은 물리적으로 차단된 시각의 차이를 인지한다는 말이기도 하다. 다시 말해 나는 보고 있지만, 상대는 사각지대라 볼 수 없는 부분에 대한 인지적 태도가 7세 때부터 만들어진다는 것이다. 그전에는 내가 보는 것을 상대도 당연히 보고 있다고 생각한다. 이 말인즉슨 내가 보고 느낀 대로 상대도 보고 느낀다고 생각하는 것이다. 내가 좋으면 상대도 좋아하고 싫으면 같이 싫어할 것으로 생각한다. 하지만 살면서 세상 사람들이 다 내 마음같이 않다고 느끼기 시작하는 시점이 있다. 그때부터 마음의 갈등과 혼란이 시작되는 것이다. 이 시점이 관점의 차이를 발견하는 시점이다.

관점을 보는 창 – 프레임을 말한다.

- 내가 어떤 창을 통해 세상을 보는가?
- 내가 무슨 색깔의 안경을 쓰고 세상을 보는가?
- 내가 어떤 가치관을 가지고 세상을 보는가?

이 모든 질문이 관점을 의미한다.

다시 한 청년의 이야기로 돌아가 보자. 이 청년은 어떤 질문을 통해 진실의 나라로 갈 수 있을 것인가?

만약 관점을 나의 입장에 둔다면 질문의 내용은 뻔하다.

"어디로 가야 진실의 나라로 갈 수 있습니까?"

이 질문을 받은 사람이 진실이 나라에서 온 사람이라면 자기의 나라를 말해줄 것이지만 거짓의 나라에서 온 사람이라면 거짓을 가르쳐 줄 것이다. 그러므로 이런 자기 관점에서의 질문은 해답을 찾기가 어렵다.

그렇다면 관점을 바꾸어 안내자의 입장으로 생각을 해보자.

"당신이 사는 나라는 어느 쪽입니까?"

안내자가 진실의 나라의 사람이라면 당연히 자신의 나라 방향을 안내해 줄 것이고 거짓의 나라 사람이라면 자신의 나라가 아닌 진실의 나라 방향을 안내해 줄 것이다. 이는 내 관점이 아닌 타인의 관점에서의 질문을 통해 상대의 마음을 관통하는 통찰을 얻는 질문이다. 이를 관점 획득이라 하며 상대의 시각에서 사물이나 상황을 바라보는 것을 의미한다.

관점 획득 Perspective Taking

관점이 획득된다는 것은 상대의 입장에서 이해하고 배려할 수 있는 준비가 되어 있음을 말한다. 즉 상대의 생각과 나의 생각을 동일선상에 두고 같은 곳을 바라보며 같이 느끼고 생각할 수 있다는 것이다. 상대를 배려할 준비가 되었을 때 비로소 친밀한 관계의 터전이 마련되는 것이다. 서로를 알고 조금씩 이해하면서 더 나아가 상대의 입장에서 생각하고 행동하게 되면서 자연스럽게 편해지며 친근한 마음이 만들어진다.

물론 관점을 획득했다고 해서 상대와 동일시되는 것은 절대 아니다. 상대의 상황은 이해되지만 절대 용납되지 않는 상황도 많다. 고부갈등을 예로 들면 서로의 입장 차이는 명백히 이해되지만, 진정으로 수용하기엔 불편함이 있듯이 한계점은 있다. 그럼에도 불구하고 상대의 관점을 이해하려는 노력은 배려의 첫걸음이자 친밀감의 터전이라 할 수 있다.

휴먼브랜드에 대한 친밀감은 일반 주변 사람들과의 친밀감과는 결이 다른 부분이 있다. 휴먼브랜드에 대한 친밀감은 일대일 개념이 아닌 일대다수의 개념이다. 즉 영향력 있는 유명인과 그를 알고 좋아하는 다수의 팬들과의 관계이기 때문에 일반적 사회적 관계로 설명이 어렵다. 하지만 일대일 관계가 아니더라도 충분히 친밀성과 애착을 느낄 수 있는 관계로 발전될 수 있다. 이것을 준사회적 상호작용이라 한다.

대중은 많은 종류의 미디어를 통해 다양한 휴먼브랜드를 만나고 있다. 비록 미디어를 통한 만남이지만 대중은 휴먼브랜드와 친밀한 관계를 맺고자 하는 욕구를 가지게 되고 이러한 욕구는 미디어에 등장한 인물과 친숙함을 유지하고 있다고 지각하는 성향으로 나타나는데, 이를 준사회적 상호작용이라 한다. 이 이론을 처음으로 발표한 Horton과 Wohl은 멀리 있지만 친숙함을 느끼는 원거리 친밀감을 통해 형성되는 관계를 의사 관계라 정의하고, 허위 관계가 아닌 인정받을 만한 인간관계의 개념으로 발전하였다고 했다. 더욱이 요즘같이 모바일 기기를 통한 다양한 채널이 발전된 시대에서는 24시간 내내 원하는 휴먼브랜드의 일거수일투족을 접할 수 있으므로 준사회적 상호작용의 의미는 더욱 인정받고 있다.

휴먼브랜드는 대중의 관심과 사랑이 에너지원이다. 그렇기에 그들을 위한 배려의 행동이 무엇보다 필요하다. 그러기 위해서는 구체적으로 대중의 관점 획득을 위한 노력이 있어야 한다.

Solution_ 상대의 눈에 비친 세상 이해하기

관점은 세상을 보는 눈을 말한다. 물리적인 현상은 똑같지만 보는 관점에 따라 해석은 천차만별인 것이 세상이다. 그만큼 천차만별의 인간이 존재하기 때문이다. 그 다양한 인간은 조금씩 각도를 달리하며 세상을 바라보고 있다. 심지어는 각도가 정 반대편인 곳에서 세상을 바라보기에 서로 다투고 갈등하는 것이다.

현대사회는 관점을 바꾸면 세상이 달리 보인다고 외치고 있다. 좀 더 창의적이고 독보적인 사람이 되고 싶다면 기존의 틀에서 빠져나오길 요구하고 있다. 맞는 말이다. 매우 필요한 말이다.

하지만 관점을 바꾸기 전에 선행되어야 할 것이 있다. 그것이 바로 관점을 획득하는 것이다. 상대의 마음을 상대의 눈으로 바라볼 수 있을 때 진정한 큰 가치를 만들기 위한 협업이 가능하다. 협업이란 경영학적인 차원을 넘어 인간관계의 상호적 시너지를 만들 수 있는 협심이 우선되어야 한 방향의 큰 에너지를 만들 수 있음을 의미한다.

관점의 전환은 관점을 획득한 이후의 과제이다.

상대의 관점은 몇 가지로 구분해서 설명할 수 있다.

첫째, 가치관적 관점이다. 상대방의 철학을 이해하는 것이 무엇보다 중요하다. 여기에는 삶의 이유와 목적이 담겨 있으며 나아갈 방향성을 제시하고 있다. 이것은 상대의 관점을 이해하는 첫걸음이 된다.

둘째, 성격적 관점이다. 성격은 사람의 생김새만큼이나 다양하다. 성격 유형을 테스트할 수 있는 여러 가지 검사가 있으니 자기와 다른 사람과의 성격 차를 이해하고 그들과의 다름을 자연스럽게 받아들여 수용과 포용을 하는 것이 중요하다.

셋째, 상황적 관점이다. 결론은 상황에 따라 얼마든지 바뀔 수 있다. 어제의 정답이 오늘은 오답이 될 수 있다. 그렇기에 상황적 변수에 대한 다양한 이해가 바탕 되어야 한다.

이것들이 서로 고려되었을 때 진정한 관점의 획득이 가능해진다.

요즘 여기저기서 관찰 예능이 대세이다. TV나 영화관 또는 콘서트에서나 볼 수 있었던 유명인들이 친근한 이웃이 되어 자신들의 일상을 공개하는 프로그램들이 줄지어 나타나고 있다. 완벽한 화장이나 패션으로만 만났던 우상들이 부스스한 민낯을 공개하고 소탈한 일상을 거리낌 없이 보여주는 데 많은 사람이 관심과 열광을 보내고 있다. 완벽하거나 까칠할 것만 같았던 이미지에서 허당미와 반전미를 드러내며 많은 팬층을 만들며 친근하게 다가오고 있다. 특히 자신을 홍보해야 할 일이 있는 경우에 그 빈도가 더 잦아지고 있다. 자신을 공개적으로 개방하는 것이 대중에게 친밀감을 어필할 수 있고 더불어 관심과 애착으로 발전되기 때문이다. 그렇다면 자기 스스로를 솔직하게 내보이는 자기 개방은 어느 정도의 수위가 적절할까?

위의 스타의 일상은 편집이란 가위질을 통해 수위 조절이 가능하다. 하지만 인간사의 모든 일은 생방송이기에 편집이 불가능하다. 그렇기에 자기 개방의 수위는 상황에 맞는 적절한 조절이 필요하다.

32

자기 개방

- 창을 통해 나를 보다 -

자기 개방은 타인과의 소통을 위해 자신의 마음을 솔직하게 내보이는 행위를 말한다. 열린 문을 통해 누군가가 들어오고 나갈 수 있듯이 마음을 열어 진솔하게 상대를 대하는 자기 개방적 태도는 친밀감을 위한 첫 번째 노력이다. 타인과 공감한다는 것은 서로의 생각과 감정, 정보나 가치를 주고받는 과정인 동시에 끊임없이 자신이 어떤 사람인지 드러내는 과정이기도 하다.

그렇다면 자기 개방을 위한 노력은 어떤 방향성을 가지고 이루어져야 하는가?

여기에서 우선 자기 개방의 주체인 자기self의 유형에 대한 이해가 선행되어야 한다. 자기self는 학자에 따라 여러 가지 학설이 있지만, 저자는 서지Sirgy(1984) 교수의 이론을 바탕으로 자아의 유형을 크게 네 가지로 구분하였다. 우선 현실적 자아란 자신의 현실적 모습을 그대로 반영한 자아이고, 둘째는 이상적 자아로 자신이 되고 싶은 이상적인 자신의 모습을 말한다. 셋째는 사회적 자아로 타인이 보는 나의 모습을 말하고 마지막은 이상적 사회적 자아로 타인에게 이상적으로 비치고 싶은 자신의 모습을 말한다. 이 네 가지 유형 모두가 자아self라는 주장 하에 자기 개방은 어떻게 조절되어야 하는가? 사람들은 일반적으로 사회적인 자아나 이상적인 자아를 드러내는 데에는 거리낌이 없지만 진정한 자신을 드러내는 것을 꺼리는 경우가 많다. 부끄럽거나 손해 볼 수도 있다는 걱정 때문일 수도 있지만, 자존감이 상처 입을 수 있다는 두려움이 클 것이다. 자기를 개방한다는 것은 남에게 보여주기 위한 공적이거나 사회적 자아인 가면을 벗고 내면에 있는 진솔한 모습을 드러내는 일이다. 진실하고 정직한 자기 개방이 결국은 진정성은 인정받아 서로 마음을 여는 행동으로 이어질 수 있다.

자기 개방은 상대의 오해를 예방하고 나에 대한 신뢰를 유지하고 높이는 데 도움이 된다. 상대에게 불필요한 오해나 가식을 경험했다면 상대를 탓하기 전에 나 자신이 얼마나 진솔하게 자기 개방을 했는지 되돌아볼 필요가 있다.

자기 개방 정도를 평가하는 척도로 '조해리의 창The Johari's Window'이 있다. 이를 공동으로 개발한 조셉 루프트Joseph Luft와 해리 잉검Harry Ingham의 이름 첫 자를 따서 만든 자기 개방 척도 모델이다.

이 모델은 2by2 매트릭스의 형태로 가로축은 자기 인지 영역으로 구분되고 세로축은 타인 인지 영역으로 구분된다. 즉 가로축은 내가 알고 있는지와 내가 알지 못하는지로 나뉘고 세로축은 남에게 알려졌는가와 남에게 알려지지 않았는가로 구분된다. 그래서 최종 네 가지 영역인 공개 영역, 눈먼 영역, 비밀 영역, 미지 영역으로 나눠진다.

	내가 아는 (Know to self)	내가 모르는 (Not know to self)
남에게 알려진 (Known to others)	**공개 영역** (Open window)	**눈먼 영역** (Blind window)
남에게 알려지지 않은 (Not to Known to others)	**비밀 영역** (Hidden window)	**미지 영역** (Unknown window)

조해리의 창(The Johari's Window)

공개 영역open window은 내가 아는 것과 남이 아는 것이 일치하는 영역으로 솔직하게 자신을 개방하여 객관적 사고를 통해 자신에 대해서도 스스로 열린 나를 말한다. 눈먼 영역blind window은 자기 개방을 통해 나에 대해 남들은 잘 아는데 나 자신에 대한 객관적 사고가 부족해서 스스로에 대해서는 잘 모르는 눈먼 나를 말한다. 비밀 영역hidden window은 자신에 대한 객관적 사고는 충분하여 스스로에 대해서는 잘 알지만 자기 개방을 솔직하게 하지 않아 다른 사람은 나에 대해서 모르는 감춰진 나를 말한다. 미지 영역unknown window은 자신에 대한 객관적 사고를 하지 못해 자신에 대해서 잘 모를 뿐 아니라 자기 개방을 솔직하게 하지 않아 다른 사람도 나에 대해서 모르는 미지의 나를 말한다. 이 네 개의 영역은 사람마다 크기가 다르게 나타난다.

공개 영역인 열린 창이 큰 사람은 언제 어디서 누구와 함께하든지 말과 행동이 같고 당당한 모습을 갖고 있다. 경청을 잘하고 상대에게 피드백을 잘하기도 하며 자신이 받은 피드백을 즉각적으로 수용하기도 한다. 이런 열린 유형은 지나치게 자신의 모든 면을 드러내서 오히려 불편함을 유발할 수도 있으니 적절한 수위 조정이 필요하다.

블라인드 영역인 눈먼 창이 큰 사람의 특징은 남들은 나를 잘 알고 있으나 정작 본인은 자신의 정체성을 잘 모른다는 것이다. 이런 유형은 크게 두 가지로 나뉘는데 첫째는 자기주장이 강하고 자기도취적이어서 타인의 말을 수용하지 않는 경우이거나 반대로 자존감이 낮아 자신이 충분히 잘하고 있음에도 불구하고 스스로를 인정하지 못하는 경우이다. 이런 유형의 특징은 타인의 피드백을 순순히 받아들이지 못하고 자신이 내린 정답 안에 머무르고 있다는 것이다. 이런 자기주장형의 창의 크기를 줄이려면 피드백의 적극적 수용 태도에 대한 진지한 노력이 필요하다.

비밀 영역의 감춰진 창이 큰 사람의 특징은 나를 남에게 그대로 알리는 것에 대해 매우 방어적이어서 스스로를 은폐하고 숨긴다는 점이다. 이 창이 큰 사람은 자신에게 엄격하고 신중한 사람이거나 반대로 자존감이 낮고 열등감이 높은 사람일 수 있다. 이런 유형은 편안한 가족이나 지인, 애인 사이에서는 피드백에 매우 신중하고 수용을 잘 하지 않지만 반대로 사회적으로는 타인의 피드백을 잘 수용할 가능성이 크다. 여기에는 갈등을 피하고자 하는 마음이 가장 크기 때문이기도 하다. 이런 신중형 유형은 안팎으로 대인관계 개선을 위한 적극적 자기 개방의 태도가 필요하다.

마지막 미지 영역에서의 미지의 나는 나도 나를 잘 모르고 남도 나를 잘 모르는 무의식의 나를 말한다. 이 창이 큰 사람은 흔치 않지만 자기 개방도 하지 않고 남의 피드백도 무시하기 때문에 부적응적이면서 고립형의 사람이다. 이들은 자신에 대한 진지한 관심과 타인과의 지속적 소통을 통해 스스로 깨우치고 일어서는 노력이 절실히 필요하다. 간혹 이들 중에서는 자신의 숨겨진 능력을 뒤늦게 찾아 빛을 보는 경우도 있다.

지피지기면 백전불패라 했다. 자기 개방에도 유형이 있다는 것은 이해하고 상대에 맞는 적절한 개방과 피드백이 서로의 관계에 친밀감을 높여주는 중요한 요인임을 인지하고 개선하려는 노력이 뒷받침되어야 함을 의미한다.

Solution_ 내가 여는 만큼 상대도 연다

인간이 지닌 관계성의 욕구는 아주 기본적인 욕구이다. 좋은 사람들과 좋은 관계로 신뢰를 만들고 친밀감을 유지할 때 인간은 비로소 사회라는 테두리 안에서 행복을 느낄 수 있다. 서로 간에 원만하지 못하고 갈등이 발생하는 이유는 내가 모르는 나의 부분과 남이 모르는 나의 부분이 크기 때문이다. 즉 눈먼 영역의 나와 비밀 영역의 나가 큰 부분을 차지하기 때문이다. 이런 영역에서 열린 영역으로 가기 위해서는 나를 보여주는 용기와 상대를 잘 보려는 배려가 바탕 되어야 한다. 더불어 상대가 나에게 보내는 우호적 관심인 피드백에 적극적으로 수용하는 자세가 필요하다. 상대에게 피드백을 주었을 때 적극적으로 수용하는 태도를 보이면 기분이 좋고 뿌듯함을 느낀다. 이것은 또 하나의 영향력이다. 나의 영향력이 힘을 발휘하면 누구나 자존감이 높아진다. 그렇기에 타인의 피드백에도 적극적 수용 태도가 필요하다. 만약 스스로 생각했을 때 피드백의 방향이 적절치 않다 느껴지더라도 그 안에서 도움이 되는 점만을 찾아내어 수용하는 태도가 필요하다.

말을 해야 할 때 하지 않는 것은 비겁한 행위이고, 말을 안 해야 할 때 하는 것은 어리석은 행위이다. 아무리 똑똑한 사람도 비겁하고 어리석은 행위를 반복하고 매번 후회한다. 후회를 통한 배움이 인간을 철들게 하는 묘약일지 모른다. 하지만 후회하기 전에 미리 예방할 수 있다면 묘약이 아닌 백신이 더 훌륭한 처세일 것이다.

알고도 잘못하는 것은 범죄이지만, 모르고 잘못하는 것은 실수이다.
한 번의 실수는 용납되지만 이를 통해 반복하지 않는
지혜를 배우는 것은 의무이다.
반복하는 순간 실수는 의무를 저버린 범죄가 될 수도 있기 때문이다.
-안 은 情-

자기 개방에 대한 자가진단 도구

1. 나의 일에 대해 남(상사, 동료, 부하)으로부터 잔소리를 들으면 기분 나쁘다.
2. 나의 일을 남에게 이것저것 말하는 것은 경솔하다는 생각이 든다.
3. 남의 말을 듣는 중에 지루해지면 상대의 말허리를 자르는 일이 많다.
4. 신비주의 전략같이 자신의 정체를 드러내지 않는 것이 좋다.
5. 남이 뭐라고 얘기하든 난 나대로 처음같이 밀어붙인다.
6. 하고 싶은 말이 있어도 꾹 참고 혼자 처리하는 경우가 많다.
7. 남들이 나에게 상담을 요청하는 일이 거의 없다.
8. 남의 일에 관심이 없고 조언을 하지 않는다.
9. 남들이 주의를 주거나 비판을 하면 무의식적으로 반론하고 싶다.
10. 자신의 기분이나 생각을 정직하게 말하기보다는 모호하게 흐리는 경우가 많다.

점수 계산법

0점(전혀 그렇지 않다)에서 10점(매우 그렇다)

10−(홀수 번호 답의 합계 ÷ 5)= X축
10−(짝수 번호 답의 합계 ÷ 5)= Y축

33

소통

- 통通 해야 통痛 하지 않는다 -

건강한 사람의 가장 큰 특징은 좋은 혈색이다. 좋은 혈색을 가지려면 우선 건강한 혈액을 가져야 한다. 다음으로 건강한 혈액이 온몸 구석구석까지 막힘없이 잘 순환되어야 한다. 즉 좋은 내용물이 좋은 통로를 거쳐 적재적소에 잘 전달되고 잘 돌아와야 건강해질 수 있다. 건강한 몸을 위해 혈액순환이 중요하듯 건강한 삶을 위해 의사소통이 중요하다. 심장에서 뿜어져 나오는 피가 육체적 건강을 책임진다면 입을 통해 표현되는 소통은 정신적 건강을 책임지는 중요한 도구이다. 건강한 혈액과 같이 건강한 콘텐츠를 담아 건강한 혈관과 같은 건강한 소통으로 적절한 압력과 속도로 잘 전달이 될 때 건강한 신체와 건강한 정신을 가질 수 있는 것이다.

소통은 서로 막힌 것 없이 트여서 잘 통한다는 의미이다. 무엇이 되었건 막힌다는 것은 답답함을 유발한다. 고구마를 먹어 목이 막힐 때 사이다 같이 뻥 뚫어 줄 묘약이 바로 소통이다. 소통의 통通이 제대로 되지 않으면 고통의 통痛이 된다.

전쟁에서 이기기 위해서 가장 먼저 하는 일이 소통을 단절시키는 일이라 한다. 통신을 두절시키고 도로를 통제하고 다리를 파괴하면서 서로 간에 소통을 차단한다. 이렇게 되면 인간은 무기력하게 아무것도 할 수 없게 된다. 이것은 엄청난 불안과 고통을 불러일으키고 육체와 정신을 말살시킨다. 그렇게 해서 전쟁에서 쉽고 빠르게 이기는 것이다. 전쟁의 최고 전략은 효율을 통한 효과의 극대화이다. 효율적 소통 차단은 가장 빠르게 상대를 점령시키는 최고의 무기가 될 수 있다.

인간관계도 마찬가지다. 관계의 질은 소통의 질과 비례한다. 서로 잘 소통될 때 좋은 관계가 유지되고 좋은 관계에서 친밀감이 만들어진다. 서로 간의 친밀한 인간관계를 만들어가기 위해서는 소통이란 도구를 잘 활용해야 한다. 소통이란 도구를 잘 활용하기 위해서 소통을 구성하는 요소에 대한 이해가 필요하다.

Solution_ 소통은 빈도/거리/지속/공감의 곱이다

소통은 네 가지의 요소의 곱에 의해 만들어진다. 여기서 더하기가 아닌 곱하기라는 점을 유념할 필요가 있다. 더하기는 어느 한 요인이 전혀 없더라도 합의 숫자는 도출된다. 하지만 곱하기는 어느 한 요인이 제로일 때는 모든 합이 제로가 된다. 즉 어느 하나라도 부족하면 소통이 되지 않는다는 것을 의미한다.

$$소통(C)=빈도(F) \times 거리(D) \times 지속(D) \times 공감(E)$$

$$(communication=frequency \times distance \times duration \times empathy)$$

소통은 빈도와 거리와 지속, 그리고 공감의 곱이라 정의했다. 빈도는 만나는 횟수를 말하고 거리는 물리적 거리의 원근을 의미한다. 지속은 얼마나 관계가 유지되는지 기간을 말하고 공감은 상대의 마음을 얼마나 이해하는지를 의미한다. 즉 자꾸 만나고 가까이 다가가고 관계를 오래 유지하고 마음을 이해하는 것이 서로 통하는 소통을 의미한다. 좀 더 구체적으로 살펴볼 필요가 있다.

첫째, 소통의 빈도는 '얼마나 자주 만나는가?'에 대한 대답이다. 원거리 연애의 실패는 물리적으로 만나는 시간이 점차 줄어드는 것이 가장 큰 원인이다. 자주 보지 못하기 때문에 마음도 멀어지는 것이다. 휴먼브랜드는 대중의 관심과 사랑이 큰 에너지가 되는 사람이다. 그들에게 자주 비치고 상기될수록 친밀감을 더 유발할 수 있게 된다.

둘째, '거리는 물리적으로 얼마나 가까이 있는가?'에 대한 것이다. 최근 전염병이 창궐하면서 등장한 관리 규약 가운데 거리두기 캠페인이 있다. 이는 사회적 거리두기라 하여 상대와의 물리적 거리를 2m 이상 띄워 생활하라는 관리 지침이었다. 이 사회적 거리는 '거리의 심리학'에 대해 연구한 에드워드 홀Edward Hall 교수에 의해 처음으로 주장되었다. 홀 교수는 물리적인 거리가 사람의 심리에 미치는 영향에 관한 연구를 통해 상대와의 거리를 네 가지 차원으로 구분하였다. 15~46cm인 친밀한 거리, 46~120cm인 개인적 거리, 120~370cm인 사회적 거리, 370~760cm인 대중적 거리로 구분하였고 거리의 원근에 따라 친밀도가 달라진다고 주장하였다. 인간은 친밀할수록 물리적으로 더 근접하길 본능적으로 바란다. 소통은 언어적 비언어적 요인들로 이루어지는데 친밀한 거리에서는 비언어적 요인이 소통을 더 크게 강화하는 것으로 작용한다.

셋째, 지속은 얼마나 관계를 유지하고 있는가에 대한 것이다. 이는 오래된 관계일수록 소통이 잘 된다는 의미는 아니다. 물론 오래된 관계에서는 구구절절 말하지 않고 눈빛만 봐도 상대의 마음을 알아차릴 수 있다. 서로를 잘 아는 만큼 상대에 대한 통찰이 발달해 있기 때문이다. 반면 오래된 관계에서 오는 긴장이나 설렘이 줄어들기 때문에 서로에 대한 집중도는 떨어질 수 있다. 그것을 조절하는 것이 공감 능력이다.

넷째, 공감은 상대의 마음을 얼마나 잘 이해하는가에 대한 물음이다. 공감은 상대를 이해하고 수용하여 하나의 마음으로 이어짐을 의미한다. 소통의 가장 중요한 요인이 공감이다. 언어적 비언어적 요인들이 다소 서툴다 하더라도 서로 공감이 된다면 진정 소통할 수 있다.

34

유머

-웃으면 사람이 와요-

한 번의 웃음은 만 장의 명함을 대신한다는 말이 있다. 자신을 알리고 기억시키는 수단으로 유머는 매우 훌륭한 전략이다. 유머를 통한 웃음 유발은 서로 간의 긴장을 풀어 주고 서먹했던 관계를 부드럽게 만들어 주는 인간관계의 윤활제와 같다. 상대를 웃길 수 있는 능력은 상대의 마음을 열게 하는 동시에 친근감을 유발하는 출발점에 서게 된다. 유머는 일대일 관계에서뿐만 아니라 일대 다수의 관계에서 더 큰 효력을 발휘한다. 한 사람이 주인공이 되는 강연이나 연설, 콘서트 같은 상황에서 주인공의 유머는 전체적인 분위기를 이끌어 재미와 감동으로 연결될 수도 있고 얼음장같이 차갑게도 만들 수 있다.

한 CEO 조찬 강연장에서 일이다. 명품 수입 자동차 브랜드 CEO의 성공 철학에 대한 강연이 시작되었다. 강연자가 자기소개를 마치고 강연을 시작하려는 시점에 빔프로젝터가 꺼지는 상황이 발생하였다.

당황한 강의 주최 측에서 이리저리 방법을 찾고 있는 어수선하고 긴박한 상황에 그 CEO는 천연덕스럽게 "여러분들도 매일 이 같은 위기 상황에 놓여 있으시죠? 하루라도 문제가 없는 날이 없는 것 같아요. 우리 CEO의 역할이 바로 이런 문제점을 해결하는 것이지요." 하면서 청중들의 공감과 웃음을 자아내었다. 다행히 빔프로젝터가 구동되자 그는 또다시 "참고로 말씀드리지만 이번 빔프로젝터 사태는 저희 회사의 기술력과는 아무 상관이 없다는 것을 알아주시면 감사하겠습니다."라고 재치 있게 위기를 넘기는 동시에 자사의 기술력에 대한 자부심을 은근히 유머러스하게 풀어내었다. 장내는 다시 한번 웃음바다가 되었고 그날 강연은 매우 감동적이고 유익하게 마무리되었다.

그 강연장을 떠난 사람들 대부분은 그 CEO의 재치와 유머러스함에 반하였고 그 호감의 결과는 회사의 제품으로 전이되어 제품에 대한 이미지 상승효과로 이어진다. CEO는 영향력 있는 휴먼브랜드로서 회사를 대표하는 모델이자 경영자이다. CEO의 대내외적인 활동은 기업 이미지에 직접적인 영향을 미쳐 기업 성과에 직결된다. 회사의 최고경영자의 친근한 유머는 소비자의 선호도에 영향을 미치는 중요한 요인이기 때문이다.

웃음이 있는 곳에 사람이 모이기 마련이다. 그렇기에 웃음을 유발하는 능력은 친밀한 감정을 유발하는 첫 단추와 같다고 해도 과언이 아니다.

웃으면 복이 와요. 복은 사람을 데리고 와요. 그래서 웃으면 사람이 와요.

Solution_ 먼저 잘 웃는 사람이 되어라

유머 감각이 있는 사람들의 공통점은 그들도 웃음이 많다는 것이다. 웃음은 바이러스성이라 빠르게 전파된다. 그래서 잘 웃는 사람이 상대도 잘 웃길 수 있는 것이다. 잘 웃기는 것보다 상대적으로 잘 웃는 것이 쉽다. 웃는 것은 최고의 리액션이자 응답 태도이다. 웃는 얼굴은 좋은 인상을 만든다. 인상을 쓰면 생기는 미간이나 입 주변의 주름은 세로 방향으로 만들어져 쳐지고 나이 들어 보이는 인상을 만드는 반면 웃음으로 생기는 눈가나 입가 주름은 가로 방향으로 젊음과 생기를 만들어 준다. 그래서 잘 웃는 사람은 인상도 좋은 법이다.

웃는 법이 얼핏 쉬운 듯하지만 계속해서 편안하고 자연스러운 웃음을 띠는 것은 만만치 않은 일이다. 더욱이 힘들거나 지친 상태에서 미소를 짓는 것은 더욱 힘든 일이다. 하지만 내가 평생 책임질 내 인격이 얼굴에서 나오기에 자연스러운 미소가 풍기는 얼굴은 매우 중요하다. 그래서 평생 과업과 같이 자신의 얼굴을 만들어야 한다.

웃는 얼굴은 웃음이 나와야만 만들어지는 것은 아니다. 인상이 험악한 사람도 웃으면 부드러워진다. 그렇기에 웃음도 연습이 필요하다. 웃음 치료사란 직업에서 알 수 있듯이 웃음이 주는 효과는 기적에 가까운 긍정적 에너지를 담고 있다. '우스워서 웃는 것이 아니라 웃다 보니 우습더라.'라는 말에서 알 수 있듯이 웃음을 기다리는 것이 아니라 웃음을 만들어 가야 한다는 것이다. 이런 웃음을 만드는 재료가 바로 유머다.

유머는 긍정적이고 낙천적인 사람일수록 더욱 풍부하다. 세상의 좋은 면과 밝은 면을 찾다 보면 그 안에 늘 재미와 웃음이 있기 마련이다. 요즘은 다양한 유머 정보를 어디서건 찾을 수 있다. 오늘 내가 만나는 사람 앞에서 짧은 시간 안에 편안함과 친근감을 만들 수 있도록 유머 총알을 장전하는 것은 나를 위한 전략이기도 하지만 상대를 위한 배려이기도 하다.

웃기기 힘들면 잘 웃는 사람이 되어라.

35

인맥 관리

- 사람이 자산이다 -

휴먼브랜드는 유명인이다. 대중적으로 유명할 수도 있고 특정 분야에서만 유명할 수도 있다. 그렇기 때문에 휴먼브랜드는 자신이 아는 사람들보다 자신을 아는 사람들이 훨씬 많다. 인지도가 높은 만큼 자신을 알아봐 주고 친근감을 표현하기도 하고 자신과의 인맥을 중요한 관계성으로 여기고 발전적으로 노력하는 주변 지인들을 많이 가지고 있다. 그러므로 휴먼브랜드는 인맥 관리가 남다르게 필요하다.

최근 월드컵 경기에서 연달아 두 골을 성공한 조규성 선수는 경기 전 SNS 팔로워 숫자가 2만이었는데 경기 이후 팔로워가 300만 가까이 늘었고 '좋아요'가 폭주하고 있다. 하나의 사건으로 인해 하루아침에 벼락스타가 되기도 하고 반대로 하루아침에 전 국민의 울분을 사는 공공의 적이 되기도 한다. 유명인으로서 감내해야 할 왕관의 무게인 것이다. 권한이 클수록 책임도 만만치 않게 비례해 커진다.

휴먼브랜드의 영향력의 양대 산맥은 인지도와 선호도이다. 인간관계에서 선행되는 것이 인지도이고 선호도는 그 이후에 서서히 결정된다. 인맥 관리는 인지도를 높이는 가장 기본적이면서 중요한 전략 중 하나이다.

휴대전화에 저장된 전화번호 개수가 사회적 영향력의 강도와 비례한다고 생각해 인맥을 넓히기 위해 노력하는 사람들이 많다. 대중적으로 유명한 사람들을 잘 알고 있다고 지인 찬스를 남발하면서 은근히 영향력을 과시하기도 하고 한두 번 정도 만난 사람을 아주 친한 관계인 것처럼 친근감을 과시하는 경우도 흔히 있다. 이 모든 것은 인맥이 가진 영향력 때문일 것이다. 인간이 가진 재산 가운데 물리적 재산을 제외한 나머지 가운데 가장 큰 것이 인맥 재산이다. 상호 연관성을 가진 사람들의 숫자와 그들의 사회적 지위가 나의 사회적 능력을 대변해 주는 듯하다. 좋은 인맥은 짧은 기간 안에 신뢰를 만들어 주고 높은 성과를 지지해 준다. 시간과 노력을 절감해 주는 관계에서의 최고의 무기인 셈이다.

인맥 관리를 위한 노력은 어떻게 이루어져야 할까?

인맥 관리: 인맥이 금맥이다

좋은 인맥은 금맥과 같다. 그만큼 가치 있고 귀하다는 뜻이다. 금수저를 물고 태어난 아이는 어쩌다 부모가 금맥인 인맥을 가지고 태어난 것이고 흙수저는 흙 속에 아주 미량 함유된 금을 찾기 위해 많은 시간과 노력을 들여 금을 채취해야 하는 운명을 가지고 태어난 것이다. 인간관계도 마찬가지이다. 좋은 인간관계는 금맥과 같아서 단시간에 많은 것을 쉽게 이루게 해 준다. 반면 변변치 않은 인맥은 스스로가 감내해야 할 노력과 인내가 더 커진다. 그래서 많은 사람이 금맥을 찾아 인맥 관리에 더 많은 시간과 노력을 기울이는 것이다.

대중적으로 알려진 인맥 관리 노하우 가운데 가장 중요하면서 중복적으로 강조된 전략들만 골라 살펴보자.

어떻게 나를 알리고 기억에 남길까?

첫째는 첫사랑보다 강렬한 첫인상을 남겨야 한다. 상대의 기억력은 나의 의지와는 상관없다. 그래서 상대가 나를 기억할 수밖에 없도록 상대에게 강렬한 메시지를 던져야 한다. 즉 내가 전하고 싶은 것보다는 상대가 듣고 싶은 것 또는 상대의 예상을 뒤집는 아주 신선하고 자극적인 메시지를 전할 때 상대의 뇌리를 파고들어 기억할 수밖에 없도록 만드는 것이다.

저자는 처음 만나는 사람들에게 차가운 인상이라는 말을 종종 들었다. 그래서 그런 이미지를 상쇄시키고 내 이름을 쉽게 기억하도록 특별한 인사법을 만들었다.

"겉으로 보는 이미지는 차갑지만, 안은 정으로 가득 차 있는 안은정입니다." 이 소개말 때문에 저자의 이름을 쉽게 기억하고 편하게 다가오는 사람들이 많아진 것은 사실이다.

둘째는 고마운 사람보다는 필요한 사람으로 남도록 노력해야 한다. 고마운 사람은 시간과 더불어 잊히지만, 자신에게 꼭 필요한 사람은 절대 놓치지 않는 법이다. 언제 어디서건 필요한 사람이 우선순위이다. 인간관계에서 우선순위에 있다는 것은 최고의 인맥으로 존중받는다는 것이다. 상대의 필요나 욕구를 파악해서 솔루션을 제공해 줄 수 있는 능력을 가진 이는 언제든 환영받는다.

셋째는 Give & Give & Forget의 마음가짐이 필요하다. 인생의 목적을 설정하는 것은 매우 중요하다. 하지만 인간관계에서 목적이 명백히 드러나는 행위는 환영받지 못한다. 그래서 받을 목적으로 주지 말고 줄 목적으로 만남을 이어가다 보면 내가 받으려 하지 않아도 나에게 주어진 관계 속에서의 혜택이 찾아올 것이다.

넷째는 헤어질 때 다시 만나고 싶은 사람이 되어야 한다. 첫인상은 강렬하게 끝인상은 아쉽게 하라 했다. 아무리 좋은 첫인상을 주었더라도 헤어질 때 마지막 모습이 실망스럽거나 불편했다면 다음 만남은 기약하기 어렵다. 만남의 과정에서 생길 수 있는 불편함과 오해는 가급적 빨리 푸는 것이 좋고 다음 만남까지는 서로에 대한 편안한 마음을 유지하는 것이 중요하다.

마지막으로 완벽한 모습보다는 인간적인 모습으로 기억되어야 한다. 매사에 철저하게 자기 관리가 되어 완벽하게 일을 처리하고 성과를 낸다는 것은 매우 훌륭한 일이다. 하지만 인맥을 만들고 키워나가기 위해서는 혼자만의 완벽성보다는 더불어 채워짐이 더 중요하다. 빈틈을 보이는 것은 상대가 들어오라고 살짝 열어 둔 문과 같은 것이다. 그 사이로 편안히 들어올 수 있을 때 관계가 자연스럽게 형성되고 인맥이 만들어지는 것이다.

이렇듯 위의 노력으로 금맥과 같은 인맥을 만들어 갈 수 있다. 근데 인맥을 금맥으로 만들기 위해 선행되어야 할 중요한 요건이 있다. 이 요건을 갖춘다면 인맥을 만들기 위한 노력은 훨씬 쉬워질뿐더러

기대 이상의 좋은 인맥이 자연스럽게 만들어질 것이다. 그 선행 과제에 대해 살펴보자.

Solution_ 짧게 보면 인맥, 길게 보면 실력!

최고의 세일즈는 팔지 않아도 사게 만드는 것이다. 더 좋은 세일즈는 비싸더라도, 대체재가 있더라도, 기다려서라도 사게 만드는 것이다. 고객이 안달이 나서 꼭 사고 싶도록 만드는 것이 최고의 세일즈이다. 이러기는 참 쉽지가 않다. 이러한 세일즈를 위해서는 팔고자 하는 물건이 매우 매력 있어야 한다. 매력 있는 물건이 되기 위해서는 특정 고객에게 스토리가 담긴 특별한 의미가 있어야 하고 매우 희귀하면서 매우 가치 있어야 한다. 이런 물건은 임자를 만나면 가격, 장소, 판매자에 구애받지 않고 팔릴 수밖에 없다.

인맥도 마찬가지다. 휴대전화에 수천 명의 사람이 저장되어 있어도 필요할 때 적소에 부를 수 있는 사람이 있는가가 더 중요하다. 반대로 나의 존재가 누군가에게 필요한 존재인가에 대해 스스로 질문해보아야 한다. 필요한 사람이 되기 위해서는 인간미 있는 사람이 아닌 실력을 갖춘 사람이 되어야 한다. 실력은 관계에 의해 만들어지는 것이 아니다. 자기 계발에 의해 스스로 축적하는 것이다. 그렇기에 불특정 다수를 만나기 위한 노력보다는 스스로의 내면과 외면의 확장을 위한 노력이 선행 및 병행되어야 한다. 사고 싶어 안달이 나듯이 만나고 싶어 안달이 나는 관계라면 비즈니스든 인간관계든 내가 원하는 대로 만들어 갈 수 있다.

36

애착 관리

- 정서적 친밀감을 키워라 -

친밀성은 정서적 친밀성과 신체적 친밀성으로 구분된다. 정서적 친밀성은 가까움과 편안한 감정을 타인에게 느끼는 것으로 서로 이해하고 지지하며 돌봄에 대한 기대치가 따른다. 이는 대화와 같이 언어적으로 표현되기도 하고 비언어적으로 표현되기도 한다. 정서적 친밀성은 신뢰에 의해 좌우되기도 한다. 이는 서로 간의 신뢰 정도를 바탕으로 의사소통을 통해 진정한 자아를 공유할 때 발생하는 심리학적 교감이다.

반면 신체적 친밀성은 감각 상의 인접성이나 접촉을 의미하는 것으로 개인적 공간으로 들어가는 것, 손잡기, 포옹, 입맞춤, 쓰다듬기, 성행위 등이 포함된다. 신체적 친밀성은 언어로만 할 수 없는 방식의 진실한 의미나 의도를 전달할 수 있다. 신체적 친밀성은 직접적 접촉 없이도 신체적으로 친밀감을 느낄 수 있다고 한다. 여기에는 약간의 인접성은 있어야 한다. 예를 들어 개인적 공간에 들어간다거나 눈 맞춤을 오래 하는 것과 같이 실제 신체 접촉의 여부와 상관없어도 친밀성을 높여준다.

정서적 친밀성은 신체적 친밀성과 다르다. 신체적 친밀성은 정서적 친밀성 유무와 상관없이 발생하기도 한다. 마찬가지로 정서적 친밀성은 신체적 친밀성 유무와 상관없이 나타나기도 한다. 정서적 친밀성은 자신의 감정이나 사고를 드러내어 서로를 이해하고 지지를 제공하는 반면 신체적 친밀성은 어떠한 정신적 교감 없이도 이해관계에 의해 이루어질 수 있다.

Solution_ 친밀성을 측정하고 관리하라

깊은 정신적 친밀감에는 높은 투명성과 개방성이 필요하다. 상대에게 진정성을 다하는 태도, 즉 있는 그대로의 자기 개방을 통한 이해와 지지가 자연스럽게 친밀감으로 발전하게 된다. 정서적 친밀감을 유지하는 방법으로 여러 가지가 있다.

첫째, 이름 불러주기이다. 이름을 기억한다는 것은 특별히 상대를 생각한다는 의미로 전달된다. 직함이나 별명보다는 이름을 다정히 불러주는 것은 친밀감의 대표적 표현이다. 둘째, 함께 음식을 먹는 것이다. 식사든 차든 술이든 한자리에서 같은 음식을 나눠 먹는 것은 미각의 공유 상태를 유지하는 것으로 친밀감 유발에 긍정적이다. 셋째로는 상대방의 장점을 찾아 구체적으로 칭찬해 주기이다. 이는 호감과 친근감을 동시에 유발하는 극약 처방이다. 넷째, 좋은 인상을 남기고 헤어지기이다. 상대에 대한 기억은 마지막 모습에서의 이미지가 가장 중요하게 좌우한다. 그렇기에 만남 가운데에선 좀 티격태격

하더라도 마지막 헤어질 땐 좋은 감정으로 헤어질 수 있도록 배려해야 한다. 마지막으로 가까운 거리를 유지해야 한다. 멀리 있는 친척보다 이웃이 더 친근하게 느껴지기 마련이다. 자주 보고 자주 공감하면 더 친해질 수밖에 없다.

아래의 친밀감 척도를 통해 서로 간의 선호도를 높일 수 있는 다양한 노력이 이루어져야 한다.

친밀성 체크리스트 20 항목

6	친밀성 질문지 Intimacy Questionnaire		전혀 아니다 1점	아니다 2점	보통 이다 3점	그렇다 4점	매우 그렇다 5점
1	관점획득	자신과 타인의 생각이 다를 수 있다고 처음 느낀 시기는 언제쯤인가?	25세	20세	15세	10세	5세
2		귀하는 자신의 생각과 상반된 타인의 생각 또한 존중하려 노력하는 편인가?					
3		귀하는 타인을 이해하기 위해 상대의 입장에서 생각해 보려는 노력을 하는가?					
4		귀하는 자신의 의지를 관철시키기 위해 타인을 적극적으로 설득시키는가?					
5	자기개방	귀하는 자신이 지금 무엇을 느끼고, 고민하고, 꿈꾸는지를 솔직히 표현하는가?					
6		귀하는 자신의 생각이나 경험을 솔직하게 드러내고 이야기하는 편인가?					
7		귀하는 SNS를 통해 자신의 소소한 일상을 주변 지인들과 공유하는 편인가?					
8		귀하는 깊이 있는 인간관계를 형성하기 위해 자신의 사생활을 공유하는가?					
9	소통	귀하는 다양한 부류의 사람들과 소통하기 위한 나만의 강점을 가졌는가?					
10		귀하는 자신의 이야기보다는 상대의 이야기를 더 들어주려 노력하는가?					
11		귀하는 주변 사람들의 긍정적 부정적 피드백을 잘 수용하려 노력하는가?					
12	유머	귀하는 유머러스하며 재치 있다는 평가를 자주 받는가?					
13		귀하는 분위기 전환을 위해 다양한 유머 코드를 가지고 사람들을 대하는가?					
14		귀하는 사람들과 친해지기 위해 유머를 연구하고 준비하는가?					
15	인맥M	귀하는 인맥 관리를 위해 지인을 적절히 분류해서 관리하는가?					
16		귀하는 지인들 간의 소개와 추천을 적절히 잘 연결시켜 주는가?					
17		귀하는 다양한 부류의 사람들과의 교류를 통해 성장한다고 느끼는가?					
18	애착M	귀하는 주변 사람들과 친밀감을 유지하기 위한 노력을 지속적으로 하는가?					
19		귀하는 자신이 애착하는 사람들과의 관계 유지를 위한 특별한 노력을 하는가?					
20		귀하는 자신이 애착하는 사람들과의 관계 향상을 위한 특별한 노력을 하는가?					

• epilogue •

고물이 아닌 보물이 되는 길
시간과 더불어 가치를 만드는 행복지침서

당신은 어떤 사람이 되고 싶습니까?

20대 초반 한 강연장에서 초청 강사에게 받은 질문이었다.

짧은 순간이었지만 여러 생각이 복잡하게 맴돌다가 결국 입에서 나온 말은 "영향력이 있는 사람이 되고 싶습니다."라는 답변이었다. 그전에는 한 번도 염두에 두지 않았던 영향력이란 단어가 내 인생의 가장 강력한 가치로 각인된 순간이었다. 그때부터 인생을 살아가면서 영향력 있는 사람이 되어야겠다고 맘먹고 그렇게 되기 위한 노력이 시작되었다.

어떻게 해야 영향력 있는 사람이 될까?

미스코리아 출연이 기회가 되어 산업체 교육이란 시장에 진입하게 되었다. 우연으로 시작되었는데 필연이라 할 만큼 적성과 취향에 맞는 일이었다. 다양한 산업에서 일하는 많은 사람들을 만나고 그들에게 필요하고 간절한 무엇인가를 전달할 수 있는 일은 매력적인 일이었다. 급변하는 시장 정세에 맞는 탁월한 솔루션을 제공하는 일은 재미있고 보람찬 일이기도 했지만 만만치 않은 시간과 노력의 투자가 뒤따르는 어려운 일이기도 했다. 다행히도 탐구하고 개척하는 것을 좋아했기에 즐기면서 할 수 있었다. 경영학 박사과정에서 마케팅과 브랜드에 대해 심층 연구하던 중 휴먼브랜드라는 학문 분야를 만나게 되었다. Journal of Marketing에 게재된 Human Brand Influence에 관한 논문을 처음 만났을 때 깊숙한 전율을 느꼈다. 영향력 있는 사람이 되는 방법에 대한 실마리를 찾은 듯한 희열이었다. 그날 이후로 인간의 영향력을 높이기 위한 나만의 치열하고 구체적인 연구가 시작되었다.

휴먼브랜드에 대한 연구는 최근에 이루어졌기에 선행연구를 찾기 힘들었다. 그렇기에 새롭게 개척할 연구 분야가 무궁무진하다는 매력이 있었다. 휴먼브랜드란 말만 들어도 자다가 벌떡 일어날 정도로 연구에 심취해 있었고 그 기간이 길어질수록 하나하나 맞춰져 가는 퍼즐에 묘한 쾌감을 느꼈다.

저자의 휴먼브랜드 연구는 영향력 있는 유명인사들이 가지는 공통된 특성에 대한 연구로 시작했다. 범을 잡으려면 범이 사는 굴로 들어가야 하듯이 휴먼브랜드가 되려면 이미 유명인사가 되어 있는 사람들이 가지는 공통된 특징을 알아야 접근 방법을 모색할 수 있다. 그래서 휴먼브랜드 특성 척도개발 연구에 몰입해 6가지 특성 요인을 개발했고, 이어서 휴먼브랜드 영향력 확장을 위한 연구도 병행해서 Journal of Korea Marketing

에 게재했다. 30여 년간 현장에서 배우고 익힌 통찰과 학문을 통해 습득한 정보와 지식이 하나로 융합되어 커다란 지혜로 발현되었다. 이 같은 노력으로 산학이 융합된 실천전략으로 탄생한 것이 휴먼브랜드 전략36계이다. "어떻게 하면 영향력 있는 사람이 될 수 있을까?"란 질문으로 시작된 나만의 고민이 휴먼브랜드에 대한 열정으로 잉태되어 36가지 구체적 행동전략으로 탄생한 것이다.

36가지의 긴 여정 내내 한 번도 흔들리지 않은 가장 큰 이념이자 가치는 휴먼브랜드는 현재진행형이란 것이다. 어제보다 오늘이 – 오늘보다 내일이 – 더 가치 있고 행복해지기 위해서는 지금 내가 무엇을 하고 있는가가 가장 중요하다.

휴먼브랜드는 시간과 더불어 더욱 영향력 있는 당신의 삶에 흔들리지 않는 이정표가 될 것이라 확신한다.

저자 또한 휴먼브랜드 전략36계와 함께한 피와 땀과 눈물로 범벅이 된 귀한 시간에 감사하며 인생의 이정표로 삼아 죽는 날까지 좋은 영향력을 발휘할 수 있는 한 인간으로 살아갈 것이다.

시간과 더불어 고물이 되는가? 보물이 되는가?

선택은 당신의 몫이다.

휴먼브랜드 전략 36계